「十三五」国家重点出版物出版规划项目
云南八个人口较少民族发展丛书

德昂的门

艾傈木诺　艾叶安布 / 著

云南出版集团　云南人民出版社

德昂的门

图书在版编目（CIP）数据

德昂的门 / 艾傈木诺，艾叶安布著. -- 昆明 ：云南人民出版社，2021.10

（云南八个人口较少民族发展丛书）

ISBN 978-7-222-20426-3

Ⅰ. ①德… Ⅱ. ①艾… ②艾… Ⅲ. ①纪实文学－中国－当代 Ⅳ. ①I25

中国版本图书馆CIP数据核字(2021)第194616号

项目策划：苏映华
责任编辑：刘　焰
助理编辑：李明珠
创意设计：熊小熊
责任校对：李　红　毛　雪
责任印制：窦雪松

云南八个人口较少民族发展丛书
DE'ANG DE MEN
德昂的门
艾傈木诺　艾叶安布/著

出　版　云南出版集团　云南人民出版社
发　行　云南人民出版社
社　址　昆明市环城西路609号
邮　编　650034
网　址　www.ynpph.com.cn
E-mail　ynrms@sina.com
开　本　889mm×1194mm　1/32
印　张　8.875
字　数　184千
版　次　2021年10月第1版第1次印刷
印　刷　云南新华印刷二厂有限责任公司
书　号　ISBN 978-7-222-20426-3
定　价　39.00元

如需购买图书、反馈意见，请与我社联系
总编室：0871-64109126　发行部：0871-64108507　审校部：0871-64164626
印制部：0871-64191534

云南人民出版社微信公众号

目录 CONTENTS

旧金齿

母亲是一棵菩提

从我记事起，我就知道我家很穷。

我家屋后的远处是一片松林，春夏长着一眼望不尽的云南松。

到冬天，白茫茫的初母初一神山就露出山顶。“初母初一”是傈僳语，我一直没找到翻译成汉语的意思，在傈僳语里是一个村庄的名字，这个村庄的名字无法用汉语表达出来。

近处，是棠梨树、酸木瓜树、梨树和桃树。春天的时候，花开遍山坡，蜂蝶飞舞，一点都看不到贫困的影子。

门前，有一条溪水，每天早晨婶娘将溪水一担一担地挑回家，倒在屋檐下的大木缸里，木缸是一棵两人环抱的老栗树制成的，

一木缸水够一家子人和牲畜饮用一天。

溪边有一棵很老很老的核桃树，春分之后就会长出茂盛的叶子，像一把伞一样罩着溪边的小路，上山和下山的人走累了，都会在树下歇息。

母亲说，这棵核桃树长得像她老家的菩提树，宽宽的，总想给人躲凉和避雨。前年，我们那遭了泥石流，巨大的山体就从这棵老树边上擦肩而过，冲垮了许多人家的房子，这棵核桃树没倒，只是身子稍稍歪了点，核桃还是年年丰收。

那时候，母亲二十七八岁的样子，从很遥远的澜沧江边的另一个族群嫁到了金沙江边的傈僳族人家。不同民族的人相爱，在那个时代并不浪漫，德昂族人家非常忌讳与外族通婚，外婆极力反对，甚至与母亲断绝了母女关系。

父亲家是一个大家族，在金沙江边有点小名气，人们一提到父亲家，就说“金江迪古家”，迪古是父亲家那个村子旧时的村名。早些年，金江迪古家牛羊成群，整个村子都是迪古家的房子。当然，这些好景况都是从前的，最有名气的是迪古家娶了个藏族媳妇。

母亲嫁过去的时候，父亲家仍然还是四代同堂，父亲有五兄妹，除了姑妈已出嫁，其他四兄弟都没有分家。我父亲是老大，17 岁就跟着挖公路的解放军走了。我二叔就代替父亲持家，我三叔是个喇嘛。特殊年代被迫从松赞林寺还俗回家，独自在初母初一神山深处搭了窝棚种药，他种的有贝母、川芎、木香之类的中药。我小叔，那时正是情窦初开、调皮惹事的年纪，常常惹得我爷爷拖着瘸腿，拎着木棍子在后面追他。

说到爷爷，我必须得说一下他的腿。爷爷的腿是在赛马会上摔断的，据说赛马的赌注是我奶奶卓玛，幸好我爷爷虽然摔断了腿却赢得了我奶奶。

从此，我爷爷的两只脚就一只长一只短，走路的时候一步一癫的。到底我奶奶叫不叫卓玛就无法确定了，我很小的时候问过爷爷，我爷爷说藏族家姑娘都叫卓玛。也就是说，不同民族的人相爱，在我们家不算新鲜事，我爷爷就在赛马场上把我奶奶赢回家。一个傈僳族小伙子娶了个藏族姑娘，在那个时代是很轰动的事情。因为我爷爷是我奶奶家的农奴，那个时候，中甸也就是现在的香格里拉还没有解放。

奶奶来到我们家，带着她娘家供奉的一张唐卡佛像，也把勤劳致富的观念带到我们唐家。她把唐卡挂在堂屋里，然后接过我祖奶奶交给她的管家钥匙。从那以后，我家的牛羊不断增多，我奶奶卖了牛羊买土地，买了土地就起房盖屋，金江迪古家的名声就是这样来的。

后来，金江迪古家被认定为富农，爷爷的伤腿上又挨了新伤，奶奶一病不起，很快就离世了，我父亲也跟着解放中甸的解放军挖路去了。

我父亲，出门十年才归家，第一次回家就带着我母亲突然出现，幸好带个外族媳妇在金江迪古家并没有掀起什么风波。

菩提下

我父亲把我母亲娶回来放到一个陌生的地方，然后，他就不管不顾又去修桥挖路了，一年只回来一次。

作为一个完全不懂傈傈语，风俗习惯和生产方式也不同的外族姑娘，唯一可以依赖的爱人还不在身边，我想我母亲的处境实在艰难。

听说我二叔二婶带我母亲出了一天工后，我爷爷就以我母亲不会做工为由，向生产队提出申请，要求让我母亲去打理生产队一台生锈的缝纫机。

那时候，迪古已经更名为巴迪二队，生产队长是谁我不记得了，总之也是我们迪古唐家人。总之我母亲被以外姓人、弱女子、孩子小、丈夫在外建设祖国等理由，不用下田做工挣工分了。生产队的缝纫机也搬到我们家西厢房里，我母亲负责缝补全队人的衣物，每天得 8 分工分。

在那个陌生得严丝合缝的傈傈族山寨，我母亲这个德昂族女子就这样轻松地安下身来，带着我在迪古唐家生活了十年。

有一年夏天，我父亲回来探亲，我们一家三口坐在溪边的核桃树下，听父亲对母亲说，以前一直选择夏天回来探亲，就是因为夏天的时候这棵核桃树长得像把大伞一样。一想到这棵核桃树就想起他妈妈，也就是我奶奶。他说这棵核桃树像他妈妈一样，做梦也只会梦见这棵树。他要我母亲也长成他的核桃树。我母亲回答我父亲说，我才不要长成核桃树，要长也要长成我家乡的菩提树。这是我关于菩提树最早的认知，长得像一把大伞。

后来的记忆中，常常是我和母亲，还有爷爷留在家里，母亲替代了婶娘每天担水、做饭、喂养牲口，坐在西厢房的木格子窗前裁剪布料，她踏着缝纫机嚓嚓的响声，到现在偶尔还会从我耳边响起。

我母亲不会蒸苞谷饭，我爷爷瘸着脚，教我母亲怎么和苞谷面，怎么揉成颗粒，怎么上蒸笼。

记得我三叔每次回家背口粮，我母亲都要偷偷在他的背襟里多放一碗白米，让三叔掺在苞谷饭里，那时的白米像金子一样金贵。后来，我三叔回家的次数也多了，每次回来都会带着竹叶菜、雪菜等山货回来。小时候盼三叔回家，就变成我们几个小孩子共同的期望了。

记得小叔顽皮，不爱学习，经常逃学，我母亲每天拎着小叔的耳朵把他送到山下的学校里。母亲说，你不读书就没出息。等小叔初中毕业，就被技工学校招去学开车，小叔成了一个货车司机，开着一辆老解放牌的大货车神气活现地回家，给每个家人都带了礼物，给我母亲的竟是几尺天蓝色的灯芯绒布。

记得我每年的生日，爷爷给我煮个鸡蛋，都会被母亲切成四份，大一点那份给爷爷，其他的分给汝芝、农布和我。而汝芝和农布的生日就可以自己吃一个完整的蛋，小小的我的心里常常装着愤愤不平的埋怨。

我十岁那年，刚刚包产到户，我们家仍然没有分家，二叔二婶和堂姐汝弟夫妻就承担了全家人的土地种植，我母亲用的缝纫

机被当作一份财产分给了我们家。这台缝纫机至今还孤零零地在我们家老屋的楼里，落满了灰尘和蛛网。

就在那年，我爷爷过世了，我们把爷爷葬在奶奶旁边。在初母初一神山脚下，那片一眼望不尽的小松林，是我家的祖灵之地，只葬迪古家归祖的人，我奶奶也葬在那里。后来还葬下了我二叔、我三叔、我小叔和我堂哥阿波。我父亲与我母亲没有回到祖灵之地，他俩的灵魂进了德昂族的奘房。经七日超度，然后遵守德昂族的习俗，再无清明扫墓和祭拜。

也就是在那一年，我父亲把母亲和我接回瑞丽生活。

我仿佛从一个世界来到另一个世界，两个世界就是撑起我这一生的基石。

我们没有回到母亲的村庄，和父亲在一起了，我们先跟着父亲到处修桥，后来又去了一个道班，父亲继续修路，母亲种菜养猪，打零工。我们家只有父亲每月 40 市斤的一份口粮，我和母亲吃的是黑市米，父亲的大部分工资都用来买米了。

我们家住在父亲单位分给的一间小房子里，用布隔出里外两间，外间就是客厅和我的住处。母亲在客厅里供奉着佛像，摆着鲜花、鲜果和净水，而里面那间，父亲把奶奶从娘家带来的那张藏式唐卡挂在正中间，唐卡上是莲花生大师。这张唐卡在我从瑞丽搬家到昆明时弄丢了，和父亲的一些奖状放在一起，当时发的是货运，独独就弄丢了这一箱。不知道是不是因为我父亲的灵魂没有回祖灵之地，我奶奶就把她的唐卡收走了。

作者和故乡人在一起

我们家一直很穷，这样的房子我们住了二十多年。父亲和母亲在同一个屋檐下，各供各的佛，除了供佛他们各自坚持自己的方式，其他生活习惯都是可以商量的。

母亲经常给父亲做苞谷饭，因为父亲爱吃。父亲每年都会种上许多青菜，收割后为母亲腌酸菜，因为母亲爱吃。父亲不懂

德昂话，母亲能讲傈僳话，这点是父亲一直耿耿于怀的。父亲刚把我们接回来的时候，我们一家还会用傈僳话交流，后来我们都用汉语交流。傈僳话只有父亲根深蒂固地记得，我们渐渐都忘记了。

1986 年，我表姐和表哥因为上初中来到我们家借住，说是借住其实是舅舅把表姐和表哥交给了我们家，那时候大家都穷，舅舅家孩子多，更不容易。原先我父亲一个人的工资只是养我和母亲，现在我们变成了五口之家，娘家突然来了两个人，突然多了两张嘴吃饭，母亲有些不安，生怕父亲埋怨。大咧咧的父亲，第二天就动手沿着厨房边上盖了个小偏厦，搬了进去，那张藏式唐卡也被父亲搬过去了。父亲把里间的床加两块木板拓宽，让我和表姐睡，外间的小床就给了表哥。

那几年，母亲开垦了许多荒地种菜，养十几头猪，还接了工地上敲碎石的活，敲一方碎石 5 块钱，母亲要敲一个星期才有一方。我和表哥一下课就去帮母亲砸石头，表姐去找猪草。

每年秋收刚过，舅舅就会拉一手扶拖拉机谷子送到我家，够我们一家吃一年。虽然日子过得有点苦，但有舅舅送来的谷子，有母亲种的满园蔬菜，每周有两顿肉，有充分的营养让我们长身体。

记得有一次年末卖猪，猪贩子是芒海村的耿叔叔，他每年都来我家买猪，算是熟人。那次他向我们家买了七头肥猪，称了斤，付了钱，耿叔叔赶着猪刚出我家大门，就被一辆摩托车撞倒了，

一群猪惊吓得到处逃窜，父亲听到声音跑出去，只见耿叔叔倒在地上，开摩托车的人早跑没影了。父亲让我们兄妹三个推着手推车送耿叔叔去卫生所包扎伤口，他和母亲去追惊跑了的猪。后来只找回来了五头，父亲母亲赶着五头猪，我们兄妹仨推着耿叔叔，把他们一起送回五公里远的芒海村。到耿叔叔家，母亲竟把走丢了的两头猪的钱退给耿叔叔，当时我很生气，猪又不是我们弄丢的，还白白耗费了我们一家人一天的时间，凭什么退回去。回家的路上，我一句话也不讲，连父亲说让我坐在推车上，他推我，我都不理。父母亲越想让我不生气，我越委屈。想到每天放学我们要找一大背箩猪草，回到家还得先把猪草煮好，把猪喂饱，我们才有时间做自己吃的饭。好不容易养大卖了钱，现在一年的辛苦全没了，我就忍不住大哭起来，一路哭着回家。

第二天，母亲又出去找猪了。我们住的姐相小镇上到处是泥沼地和稻田，晚上母亲回来时，腿上全是蚂蟥叮咬的痕迹。猪没找到，我整整半月没理母亲。

前些年，我回乡下和母亲去集市，耿叔叔卖肉的摊子换成了他儿子在管，老远他儿子就叫着母亲说，唐大妈，姑娘回来啦！来来来，今天的里脊最新鲜。说着话就把一包肉放进母亲的菜篮子里，我急着给钱，他说今天不要钱。后来母亲告诉我，很多年来耿叔叔一家都是收母亲最少的钱，给最好的肉。

回想成长的过程，父母亲从没有立过家训家规，只告诉我什么能做，什么不能做。两个信仰不同、生活习惯不同、成长环

境不同、门不当户不对不同民族的人组成的家庭，有许多与完美家庭不能比的缺陷，但我过得很幸福。父母亲不仅教会我持家生活，养猪种菜，也教会了我对亲人宽厚，对朋友宽容，对陌生人宽宥。

家里一直很穷，父母亲却从来没有让我穷得没有尊严，所以我从不曾憎恨过贫穷。

舅舅家后面就是寨子的奘房，奘房在一座小山顶上，四周有许多棵大叶榕树和菩提树，放假的时候我们就回到舅舅家，满山遍野地跑。奘房前的菩提树上挂着一个老钟，跑累了我们就坐在树下，听竹楼上传来的念经声，到点了小和尚会跑出来敲钟，随着最后一声钟声落下，小和尚会丢下棒槌和我们玩捉迷藏，我们一起满山遍野地疯跑。

父亲就是我生命里的一棵核桃树，秋天落叶，春天发芽，高大挺拔，从不和我讲大道理，只告诉这该怎么做，那该怎么做。

而母亲，就是一棵菩提树，生长在高坡上，四季常青，带着禅意的清凉和洁净，一路陪伴，为我遮风挡雨，长成我前行的方向。

德昂追月

小时候，很想知道月亮下的人影子与太阳下的人影子为什么不同。问母亲，母亲答非所问地说没有影子的都是鬼。有时候在月亮下面找不到自己的影子，就特别害怕，不是怕自己变成了鬼，是怕鬼辜负美好的银色月光。

母亲给的答案并不能说服人，我思来想去，自己也就有了结论：太阳下的影子是看得见周围的影子，月亮下的影子是只看得见自己的影子。这个结论吓了我一跳，我终于知道自己太聪明了。在月亮下只看见自己的影子时，世界就是在睡觉。当然我那时的世界就是我们那个小山村，村子睡着了，月亮照射下来的影子里还有叠着的影子，我以为那就是全世界在做梦：榕树枝在做梦，小河水在做梦，更多的时候我知道其实是菩提树上的知了在

德昂族寨子

做梦。

每到夏天，我生活的瑞丽，太阳下所有的影子都昏昏欲睡，高楼的影子映衬着铁刀木，铁刀木的影子压着它影子下面的小草，小草的影子覆盖在炽烈的大地上，大地就是太阳的影子，影子一层叠着一层。风一吹，所有的影子都跟着风一晃一晃的。

白昼很长，太阳待在天空的时间也很长，长得可以让一座竹桥的影子从河的左岸压过桥身移到右岸。风吹过水面，影子晃了一晃，桥纹丝不动，河边草丛里的青蛙纹丝不动，炽烈的炎热也纹丝不动。

只有知了，鼓着尾腹无休无止地鸣叫。

滇西的夏季，随便一动就会着火，炎热的太阳下面，每棵树上仿佛都落着一只不会疲倦的知了，它们把整个夏天叫成一种心烦意乱的热带忧郁。

傍晚，太阳先是拖拖拉拉地在西边逗留，有时到了八点半，整个太阳还红红地挂在天边要落不落。就在低头的瞬息间，忽然就带着它的万丈光芒掉进天地相接的缝隙里。大地上还留着阳光的余热，被曝晒了一天的城市、乡村、柏油路、水泥楼墙储存了满满一身的热波，在太阳隐没之后，慢慢渗入黄昏的空气中。这个时候的知了声气最足，仿佛它来这人间一趟，就是为了在阳光的余热之中演一场绝唱。

夏天的夜晚，特别是知了叫得最响的黄昏之夜，母亲就带我到山谷间的小河边捡知了。

后半夜的热带雨林之中，空气随着雾气慢慢凉下来。声嘶力竭鸣唱了一天的知了，成群结队地来到丛林之中的小溪涧边、河谷地带吸水。它们舒舒服服地匍匐在河床上、石头上、腐木上、草尖上、枯叶上，饱饮清甜的山泉和潮湿的水蒸气，享受月亮清凉的迷离辉光。此时，鸣唱和飞翔对知了来说毫不重要，上天并没有把预见的能力赋予知了。

亚热带雨林静悄悄地把阳光留下的热波埋在脚下的泥土里煎炒翻焖，腾腾的热浪凝结成滴状之露，无声无息落在河床上、石头上、腐木上、草尖上、枯叶上，落在薄如一丝月光的蝉翼上。一滴雾露，却是知了的千斤之重和灭顶之灾，在明天的太阳升起来之前，他们再也飞不起来了。

成片成片俯卧在山谷的知了，就成了月光下、山林中最低的影子，印在草叶上、石头上、腐朽的糟木头上，它们又小又轻，

烧白柴节搭的白柴塔

一动不动。

我和母亲会在这个时候，来到它们栖身的丛林，像刽子手一样收割它们。

上山的时候，月亮还没有照到山路上，我们跌跌撞撞地摸索着上山，舍不得点亮火把，火把的明亮是要用来找知了的。我们点燃松柴和茅草做成的火把，弯着身子在月亮下面，山影里隐暗谷底，知了鼓鼓的眼珠被火光最先照见，然后是它们湿漉漉的、不能动弹的翅膀上晶莹的露珠。它们睁着圆鼓鼓的大眼睛，从死亡里吮吸着生命之水，然后把生命又返还给死亡，使得这片森林因为一种微不足道的死亡，获得生生不息。

在溪岸边，知了摆好了可怜巴巴的待死之身，我和母亲把它们一只一只地捉进用塑料膜半封好口的腰形竹箩里。随着不断增多的拥挤和被重重拿捏惊醒过来的知了，突然就意识到意外来临的威胁，它们如同一只死亡乐队，齐声发出绝望的鸣唱，我的两耳像被一股浓稠的泥浆狠狠灌进来，被冲击得硬生生地疼。

我们沿河溪向下捡，等捡到河水分向而流的岔口，母亲带来的两只蛇皮口袋和两只腰箩就装满了。河水一条向东去，一条向西去，四周是茫茫森林，河岸上巨大的石头被月光拉出长长的阴影，月亮已经升到我们的头顶，我们身后也有了隐隐的影子，跟着我们动。

母亲和我坐在小河分手的地方歇息，我们身后是一片茂密的西南桦树林，粗壮挺拔的西南桦被月亮照成瘦长的影子，越过我

们的头顶，投到河水流动的波浪里，被河水切断又连起，连起又切断。母亲和我又累又困，我们默默坐在夜色的宁静中，不去想下山的路。

月亮在天空中向天边移动，准备着要去和太阳交换位置。我眯着眼睛靠在母亲身上，有过一瞬间迷糊，仿佛还听到了自己的呼噜声。这种日月就要互换的感觉，让我误以为天就要亮了。风哗哗穿过柚木树叶、楠木树叶、红木树叶、栗树叶、松树叶，最后从西南桦树叶上落下来，打在我们身上。刚刚沾过一身汗的衣裳被风打得紧紧贴在皮肤上，有一种透骨的冷。这种透骨的冷与落在知了翅膀上的夜雾之珠一样，一直凝结在我的记忆之中。

许多年后，那种在银亮的月光下，从心底里打出来的寒噤，偶尔会从记忆里爬出来轻轻碰触我。这轻触感就是被笋叶上细密笋毛戳进手心那种疼痒感，让我牢牢记住了什么是夏天的冷。

热带丛林中的夜雾就是一场无声的小雨，坐久了，头发和衣裳上就落下一层又一层的笋叶毛般绒细的水珠，夏天的冷把我们困在一个又一个夜晚。我们坐在那里，与我们蛇皮口袋和竹箩里的知了一样。

脑袋小小的我，其实问过母亲这个问题，知了是不是与我们一样又累又困又冷，只是母亲疲惫又简单的回答，让我放弃了想象。母亲说，你变成知了去问知了嘛。那时候，箩中的知了早已气绝身亡，以尸体的姿势等待着我们将它们拿到明天的街上去售卖。

水鼓舞

我暗暗生闷气，转头不搭理母亲。我常常用假装发呆来掩饰我的生气，假装听不见母亲的叫唤和支使，假装痴痴迷迷地在想问题，假装灵魂神游在外。母亲恐怕在心里一直很失望吧，以为生了个神经搭错线的女儿。母亲从来没有发现我的假装，也许母亲一直假装没有发现我的假装。现在，我再也不可能问到这个假装的真相了。

到了现在，我才明白，母亲的回答是多么的智慧和浪漫，她给一个想知道知了感受的小人儿指了一条寻找答案的通道。当时，我为母亲这种隐含不耐烦的回答忧伤了许久，忧伤我变不成一只知了，也忧伤母亲居然不了解知了的感受。

我把手伸进竹箩，捉了一只死去的知了出来，高高地举向月亮，借着月光想看看知了的内部构造，它薄绵纸一样的外壳里，

水鼓舞

有一半是空的，不空的那半在两只翅膀下面，但没有心肺，没有肝胆，也没有胃肠，这个伟大惊人的发现，让我窃窃欢喜。我转过头看着母亲瘦骨伶仃的侧影，决定不把这个伟大的发现告诉母亲，我认为我应该拥有一些我了解而母亲不了解的秘密。从那以后，我有许多重大发现和必须探究的问题，都成了母亲不知道的秘密。

这些秘密，一直都只是秘密。

我们的火把，还没有走到河岔口就燃尽了。整个山林只有月亮亮着，月光仿佛是这个世界亮光的唯一密码。然后，被月亮照亮的河水也是，露珠也是。山的影子覆盖在稻田上，树的影子覆盖在山体上，石头的影子覆盖在小草上，小草的影子覆盖在大地上，母亲和我的影子穿梭在所有物体的影子上，影子重叠着影子，

整个夜晚，只有影子自己呼吸着。

对影子来说，母亲是个事不关己的外来者，而我是个窥探者、打扰者，我默不作声地打量着空中的影子和地上的影子，努力破解影子对一个孩子所隐匿下来的秘密。

下山的路无比艰难，露水浸透了我的塑料凉鞋，湿滑从鞋尖把我的脚丫推出，缩回去走两步，又被推出来。最后我只好把鞋子拎在手上，脚下踏着稀泥，夏天的冷就从脚底向全身流窜，最后它们回返到我的心脏，成为我永远不会想念，也不肯放弃的回忆。

在这条山路上，年复一年的夏天过去了。

深夜的山路上，我们用头顶着沉重的竹箩背带，竹箩中知了的重量超过了我身体的重量，我只好甩动着两只手来平衡身体。母亲总是在下山回家的路上才讲故事。南帕然在茶园里，摘叶吹气造人，天上的太阳之父，偏偏要到深海去娶龙王之女，文身的男子刀枪不入，芭蕉姑娘才是太阳之父的初恋情人，七叶莲是佛祖许与德昂族人的神药。母亲的讲述常常被我莫名其妙的提问打断，我的问题也会让母亲恼火。讲“德昂追月”的那个夏天，是因为我提了太阳与龙女成婚后，是太阳落到海里睡觉，还是龙女离开大海去天上睡觉？如果是龙女飞上天去睡觉，那睡在水里和睡在云里有什么不同？母亲说天晴的时候太阳就落到海里去睡觉，下雨的时候龙女就飞上天去睡觉，彩虹就是龙王为龙女上天去找太阳搭的桥。后来，每每看见天边出现彩虹，我就知道有一对相

爱的人可以相会了。

想起母亲的种种，我才知道母亲是我这生遇到的最浪漫的山野诗人。她回答过的问题，但凡我现在还能想起的，都充满了诗意。在我后来岁月的思绪里疯长，充盈着我生命的每一寸空间。我接着问，太阳和月亮都是天上的，离那么近，太阳为什么不娶月亮？于是，就在那条回家的山路上，母亲给我讲了一个关于月亮的故事，算是给我月亮为什么不嫁给太阳的追问一个交代。

很久很久以前，有一个叫岩相腊亮的男孩，他和爷爷住在龙女的老家旁边，龙女的老家是一个非常大的湖泊，湖水清清的、亮亮的，所以这个湖白天就是太阳的镜子，到了晚上就是月亮的镜子。这个湖在森林茂密的山上，四周是一座连着一座的高山，许多个翠绿的山峰把湖围在群山的心中。湖心生长着七叶莲，七叶莲只为勇敢善良的人盛开，只有佛祖允许的人，才能采到湖心开放的花朵。岩相腊亮和他爷爷是方圆几百里德昂国里唯一能采到七叶莲的人。德昂国有三万个寨子，一个国庙，岩相腊亮的爷爷在每月的第七天带着他，划着木船进入湖心岛，采七枝七叶莲送到国庙由大佛爷供奉给佛祖。

按今天的职业分类来看的话，岩相腊亮和他爷爷算是神职人员了吧。

从其他传说中得知，七叶莲曾是德昂族人供佛之花，所以她的另一个名字叫佛前花。生长在土地肥美、水源洁净之地。德昂族人不断地迁徙之后，七叶莲就只在各地的口传故事中留下一星

嘴，害了一对人间的夫妻吵架，被罚再也不能开口说话，唇分四瓣。月玉因为想变成一朵云，离开南帕然的统治，被罚双脚永远不可落回地上。南帕然把他们禁锢在月亮宫，只允许他们的影子落到大地的水面上，而且他们永远回不到人间，除非月光里他们拥有自己影子的影子。

月亮宫归月亮神管，月亮神每天夜晚都拿着夜光珠在月球上巡逻，夜光珠把月亮中所有的影子都收聚给月亮。岩相腊亮在大地上的湖水里，看到的就是月亮里面的月玉。

月玉就这样年复一年地在月亮宫里向下俯瞰，桂树繁花似锦，却没有芳香，小玉兔活蹦乱跳，却无法开口讲话。月玉终于飘在天空中了，但却不是一朵自由的云，不能像云一样变成雨滴回到大地，只有月亮的影子替她映在湖水里。

每个月玉映在湖水中的夜晚，她都能看见湖边岩相腊亮痴痴的目光，月玉一直被冻在寒冷里的心就有点发热，有点发烫，慢慢有了春回大地的暖。可是南帕然的咒语仍在，桂树无花香，玉兔闭口不语，月玉找不到自己的影子，她只能隔着远远的时空眺望人间。

仍是年复一年，岩相腊亮独自采七叶莲，独自去国庙敬香拜佛，独自坐在月下的湖边，对着水中月诉相思。高高的天上，月玉梳着长发，望着大地故乡，她听见岩相腊亮用哀哀的丁琴声诉着衷肠，眼泪哗哗流成了月亮宫里的小河。

有一天夜晚，月亮神突然就动了慈悲心肠，他打开月亮宫的

水鼓舞

门，放月玉从湖水里上了岸，天天盼望的姑娘终于来到岩相腊亮的身旁，做梦一样的美好。岩相腊亮拉着月玉的手，他们紧紧拥抱，发誓要相亲相爱永远在一起。

不幸的是，月玉的足尖碰响大地的地心，酣睡的南帕然被吵醒了，他打开地眼看见月玉与岩相腊亮私会在大地上，勃然大怒，他的怒吼声震碎了湖水面月亮的倒影，月亮神伸手一把把月玉逮回月亮，赶紧关上了月亮宫的大门。南帕然怕月玉又私自下凡，就夜夜翻动湖水，让月影落下就碎，落下来就碎，那时天上有一个晃荡的月亮。

从此，大地上每一个夜晚都摇摇晃晃，小孩子一到夜晚就哭闹不休。

大地上，痴情的岩相腊亮再也守不到月亮掉在水面上，他失去了心上人，伤心欲绝。他向天跪拜，求月亮神把月玉送下凡尘。月亮神告诉他，只有地神南帕然才有权力放出月玉。

于是，岩相腊亮穿过九十九道山之门，九十道水之门，九十九道动物之门，九十九道植物之门，九十九道地心之门，来到地神的宫殿请求南帕然，放月玉回到大地上。南帕然告诉岩相腊亮，他必须穿过九十九道时光之门，去拔正定月之柱，等夜晚不再摇晃之后，捉来月玉的影子交给南帕然，月玉的影子才能回到大地上的故乡。岩相腊亮又历尽千难万险，穿过了九十九道时光之门，找到了定月之柱，但定月柱与时光之间有很大的缝隙，岩相腊亮把自己填进去才定住了定月柱的转动。

从此，江湖平静，云开月出，人间又有了安宁的夜梦，月亮的倒影也回到了湖水里，可是岩相腊亮再也返回不了人间，再也没有人追着月亮的影子跑，再也没有人伸手去湖水里捉月亮里的月玉。从此，月玉永居月中，她每夜冷冷地看着湖水里她从来不会被人看见的影子。

后来，人们为了纪念岩相腊亮用肉身定住定月柱，让月夜安稳，孩子甜睡，每到月圆之夜，就相约在水边吹葫芦丝，弹丁琴，唱情歌，月下欢笑追逐，谈情说爱。

这就是我最早听到过的德昂追月，结尾与现在的德昂串月雷同。这是一个凄美的爱情故事，出自母亲之口，是母亲给我讲过的为数不多的童年故事中的一个，也是我记得最清楚的一个。因为这个故事不是在温馨的床前讲的，而是在夏夜冰凉的森林里，我头上顶着重重的背箩，脚下是泥泞的山路，裤管湿得滴着水，一双脚像一对泥鳅随时滑出凉鞋，踉跄的步子和险些滑倒的失重，时时提醒着我累得睁不分的眼睛。母亲的讲述，有一句没一句地灌进耳朵，仿佛天外来音，也有一句没一句地深深印进我童年的心里。

所以，现在的这个故事是我加工整理过，并添枝加叶后的样子，母亲的故事名叫“岩相腊亮追月亮”，我改为“德昂追月”。

长大后，德昂追月被埋进了杂乱无章的生活琐碎之中。偶尔会突然想起被镶进时光与定月柱的岩相腊亮，他孤独的一生成为一个故事，一个消失得越来越没有人知道的故事。这个故事，我

一生只听两个人讲过，一个是童年时的母亲，一个是缅甸芒海的芒曼老人。有关德昂的史籍中也并无记载，口口相传的传说中也再无他人讲起。岩相腊亮已经被我们忘记，至少从那个捉知了的夏夜之后，在很长一段时期，他只是以一个名字的存在，偶尔飘来我的记忆里。

母亲在世时，我曾请母亲再为我讲一次德昂追月的故事。那时，母亲已经查出肝癌晚期，每天都有巨大的疼痛侵蚀她。虽然没有告诉她病情，但从她无助的眼神和言语中，我明显感觉到她已知自己生命将尽。一次接一次的疼痛残忍地褪去了她的刚强，又一次接一次在杜冷丁（呱替啶）的麻痹之后，她有了让我心悸的柔软。这是一份我从前渴望，现在想推却的柔软。

那一天，母亲从药后的晕睡中醒来，破天荒地吃了一小碗粥，然后她说想下楼去看看。从医院回来，母亲已经有两个多月没有出过门了，她让我帮她梳头发，换了件红色的衣裳。我先把轮椅搬下去，又折回去背母亲。母亲已经瘦得只剩一把骨头，背在背上，轻得像一朵云。我的心就像被她的瘦骨生生戳穿了般疼，根本忍不住夺眶而出的眼泪。

我开车把母亲带到江边广场，推着她走在江堤上，正是五月将尽时，凤凰花的落英缤纷掉在母亲头上、肩上，母亲还伸手接了一瓣拿着。母亲问我“知了也落季了吧？我这一路都没听到知了叫。”现在回想起来，才明白对于母亲春夏秋冬都是忙碌的找食季，她的一生都在安顿我的吃穿。她在生活的奔波里错过了欣赏

花开，只在生命的末端接受过一枚花瓣的问候，所以她在那个五月的黄昏，手里一直捏着那枚凤凰花残瓣。

我说：“妈，还记得以前捡知了时你讲过的追月亮的故事吗？你再给我讲一遍嘛，我想写下来。”母亲转头望着江面掠过的水鸟，留给我一个侧影，她那双被深深下陷的眼窝强撑着的眼睛，就像随时会掉进悬崖下黑暗的深渊，让我的心充满了无力的无助。母亲说：“那个追月亮影子的岩相腊亮吗？”我说：“就是那个。”母亲转过头来，满脸的惊喜，稍瞬孩子般委屈地说：“我只记得岩相腊亮这个名字了，其他的一点都想不起来了。还记得我们捡了许多知了，结果卖不了多少钱。”母亲面前摆着的永远是生计，让我吃饱穿暖过得好的生计，这些就是她全部的意义。我说：“妈，那我给你讲你讲过的这个故事吧。”就在瑞丽江波光粼粼的傍晚，纷纷凤凰花落英下，我添枝加叶地把母亲讲过的故事讲给母亲听。

母亲静静地坐在轮椅上，像是在认真听，又像是根本就没听。母亲那天的表情很特别，她不纠正我改编过的地方，好像这个故事被我一字不改地复述了她的原版一样。我以为母亲至少会在细节上纠正我一下，这样也好引母亲多讲几句话。母亲从医院回来就很少讲话了，她一半的时间在疼，另一半时间在药物之后昏睡。那个话痨般成天唠唠叨叨的母亲，突然就变成了被禁锢在病床上将死的病人，我心理上从来没有接受这个事实。

母亲那天的样子像幅画，她一笔一笔地把她自己画进了我心

墙上。又像一朵云，没有一丝一毫重量地坐在我推着的轮椅上。短短的头发如同秋末枯草上挂着的白霜，两个颧骨像两座高高的悬崖，旁边就是一对挂在悬崖的眼睛，深深地压陷着面颊，只有一层薄薄的皮肤包裹着整张脸。嘴唇乌黑，就像是咬破了一只草乌被染毒而黑。太瘦的双肩撑不起小方领的红衣裳，两道太过下陷的锁骨露出两个空荡荡的窝口，深得可以放入两个鸡蛋。母亲瘦得轻飘飘的，母亲的一生都很轻。在外婆眼里，母亲只是个听话的女儿，即便远嫁不归，外婆也不会出门去找。在父亲眼里，母亲是伸手可拿的干净衣服，张口可得的可口饭菜。在我眼里，母亲是那无论我走了多久，回来她仍在原地等着我。轻得我只记得她忙忙碌碌，忙得从不会伸手抱抱我；轻得在我难过时，她只会叨叨怎么办，怎么办；轻得我从小不肯与她分享心事，也忘了分担她的忧愁，以至于她独自忍受了许久的病痛。

母亲独自在一夜夜疼痛中不眠，她不说，她怕成为我的麻烦，怕在我心灵的天平上被减码。她也忽略了一个母亲在女儿心中不可替代的分量。那时，正逢我一生的动荡不安，离婚、破产、负债压得我无法喘气。我在生存的无奈中把母亲轻飘飘地放逐在关注之外，这是我一生的悔恨。

我知道母亲生病，是母亲晕倒街头，路人打来电话之后。

我拉着母亲四处求医求药，我是多么粗心大意，以为母亲说胃疼就是胃上的病，虽然也做了两次全身检查，没有发现异常，就把母亲当胃病医治。母亲的病情却越来越严重，最后被确诊肝

癌晚期。再到后来，医生劝我把母亲带回家，尽心陪伴就可以了。我知道，母亲劳苦了一生，就要离开我了。

尽管医生说，肝癌发现大多是在晚期，我还是没法原谅自己。如果我细心一点、耐心一点，母亲的病情是可以早发现的，那样母亲就可以早一点得到对症治疗。我把母亲带回家，日日陪伴。人生就是由许多个正逢、恰好、偏是组成的，那时我供职的公司开始第四轮改制，人浮于事，我反而放得下一切，终日陪伴在母亲身边。一心想，大不了从头再来。

从江边回来之后不久，母亲就离世了。

从确诊到离开，只有三个月。这三个月母亲从一朵轻飘飘的云变成了高峰险径上的一棵菩提树，完成了她许下的心愿，做一个给我遮阴避雨的菩提树。

2011 年，我去缅甸芒海做田野调查。在那里，我第二次听到德昂追月的传说。因为我对母亲说过，我要写岩相腊亮与月亮，于是我决定把德昂追月写成我童年里听到过的一个最好的故事。

芒曼老人给我讲述了缅甸版的德昂追月，故事大致与母亲讲的相同。由于我不会讲德昂语，芒曼老人不会讲汉语，我们又请不到专业的翻译，只好请了当地的一个对汉语半懂不懂的小学老师来帮我们翻译，中间因为语言的欠缺，失去了许多重要的故事细节。无奈当时没有带录音笔，未能录下原始语音，错过后期整理和研究。第二次获得的故事也是基本与母亲的版本相同，我也查阅了大量的资料，有关追月的记载，仅有蒙古族圆月之夜的追月游戏。说的是：在圆月之夜，蒙古族勇士，在银色的月光下，向草原的西边放马奔驰。因为月亮从东边升起，向西边坠落，蒙古族骑手，不到月亮西下，就追月不止。故事说得简单，就一条主线，没有枝叶。这个故事与德昂追月一样粗糙，这大概就是口头传承的原因所致吧。

我的德昂追月也只有一条主线，并没有资料依据支撑。人们留得了德昂串月，却失散了德昂追月，但我认为今天的德昂串月与母亲和芒曼的德昂追月肯定有着千丝万缕的关联，是两个支系在不断迁徙之后留下来的和而不同的两个版本。

事实上，德昂族与月亮有关的传说故事或者资料原本也不多，月亮作为夜晚最明亮的天体，对整个人类来说，不仅是潮涨潮落、地球运转的正常轨道、珍贵资源和给我们足以做个美梦的长夜，更重要的是月亮也是人类传世文化中最重要的一部分。

据说，盘古死的时候，把左眼变成了太阳，把右眼变成了月亮，所以世界的时间就由太阳和月亮来分管和控制。岩相腊亮就是用身体塞住了太阳与月亮的缝隙，才使得日月不摇晃。盘古时代，人类还没有分出族群，所以月亮才得以一直是众人的月亮。所以对于月亮，人类后来才有了跳月、拜月、祭月、寻月、闹月、望月、串月、追月这些因族群而分的月亮崇拜，其实也是人类对大自然的敬畏和

水鼓舞

眷念。

人类古代就根据月亮运动和周期制定了历法，甲骨文时期就有了对月亮圆缺的描述的记载，嫦娥奔月、玉兔捣药、吴刚伐树等传说，更说明月亮在人类文化中是与人类共存，并有着永远挥之不去的情结。

到岩相腊亮时代，我们已经以族群化分人类了，我们是德昂族人，有着自己专属的语言。在古歌《达古达楞格来标》中，南帕然是天神，可在母亲的故事里，南帕然还是地神，显然他作为天神的名分更有来处。文献资料里并没有德昂族地神的记载，也许南帕然同时掌管着天地，这也是有可能的。不然，月亮神为啥听命于南帕然。

今月曾照古人，岩相腊亮是我心里的古人，一个被今天的月亮照得见的古人。德昂追月是个半人半神的糊涂故事，是个爱而不得的悲情故事，其实不止这些。我迷恋月亮的影子，以及影子里花开不香的桂树，被禁言的兔子，难道他的前生可以开口讲话吗？月玉的绣片上绣的是什么，鸳鸯戏水吗？

岩相腊亮采到国庙的七叶莲，也在我们的口传文化中走散了。这种花，花生七叶，开七瓣，只长在水草肥美的吉祥地。这花从来都只在母亲的讲述中出现过，母亲的许多故事里都有这朵花儿。然后，任何资料、现实中，甚至百度上都没有搜到与之相同的信息。不知道是物种灭绝，还是这个世界上根本就没有生长过这种植物。也许是外婆的外婆编给外婆的母亲的故事里有，外婆的母

亲传给外婆，外婆又传给母亲，母亲再传给我。于是，我把他写下来，传给我的孩子，我希望我的孩子会相信，这世间总有一处盛开着这神秘美丽的花朵。

如果岩相腊亮来到今天，他完全可以托宇航员把相思带给月玉，他不必用身体去堵日月的空隙了。现在流传下来的德昂族爱情故事，几乎都是悲情而又励志的。虽然经过了无数代人的磨砺，仍然是爱而不得、爱而生死分离的悲剧得以留存于世。母亲卑微的一生足以说明，岩相腊亮高不可攀的爱慕以及月玉垂手并不可得的爱人，才可以万世流传让人难忘。

而那些平淡且小有幸福的男女，对于这些被时光掩埋了的男女，执子之手的有幸就是用来消解那些婚姻中的磨难的，所以相爱必相杀方得终老。我年少时的一个时期，父亲好酒如命，整日醉意醺醺，每日归家来打骂母亲，母亲隐忍迁就。后来，在村子里见多了男人醉酒，女人挨打挨骂，见多了他们日复一日地重复和继续，我以为岩相腊亮如果和月玉了了心愿也是这个版本。再后来，母亲生了场大病，卧床不起，父亲反而在无人劝告的情况下戒了酒，每天工作，细心照顾风烛疾病中的母亲。在父母的观念里，也许彼此忍耐就是爱情吧。

如果时间是一条长河，不知道是否可以切分成段，除开日月、江河、山川后，分一段给德昂族人摆放追月的岩相腊亮和世上再无的七叶莲。无论是神话还是传说，他们曾经来过，我当传下去，哪怕一人一口的传承添加了自己的情感，只要还在就是我们的

文化。

我因为父母是不同民族的关系，从小与母语失联。尽管我在梦里梦见从未曾谋面的外婆，梦里的外婆也是从不开口与我讲话，想必外婆也料到我们语言不通。时间在某一个关口，向我关上了通向外婆的门，把所有疑问都终止在这扇虚设的门之外。每当我要向我的孩子讲一个我孩提时候听来的故事时，我无法从外婆的基因里得到暗示，我仿佛是一朵明知就要飞走的蒲公英的絮，用一生仅有的重压断泪腺，哭而无声。可是呀，破碎的希望里，蒲公英飞多高、多远，她都带着土壤的成分、阳光的成分、雨水的成分。

年到五十，更多的时候我的想象只能是一片废墟，可我绝不会忘了安放上一轮明月，这是来自另一个世界的灯盏照着我的无人区。只要有这盏灯，就有了明月照见的湖水，水面上的倒影，影子旁边的湖心岛，岛上必将怒放的七叶莲。我允许我寸草不生的废墟上有日月的缝隙，时光的缝隙，人性的缝隙，和我的灵魂穿梭过雪白的良心。

有一天，现代男女放下手中的手机，拿起古老的银烟盒，哼起低声的情歌调，来到银色的月光下谈情说爱串个月亮。如果这样的场景实在太难返回，那也至少让我们有故事可以给孩子讲讲，这样蒲公英的种子无论是落到废墟上还是沃土上，才能继续绽放。

我与母亲的交谈，常常是没有逻辑的，思维上没有，更经不

有一百多年的德昂族
老宅的木雕窗花

起推理，也从来没有设计过，更像一些不经意的短句，却被牢牢地镶进我生命里。这些短句子是母亲的诗，我把它们读下来给未来的自己。这些句子就只是一朵天边的云，一枝草丛里的花，一轮耀目的太阳，一丝柔软的月光，一条奔跑的河流，一座重叠的山川，一片葱茏的草木，一个迷离的外婆，一段永远没有结局的故事。

德昂三味

若有人问我，一生中吃得最美味的是哪一顿饭，我的回答一定是有两个，一个是饿极了那一顿，另一个是妈妈做的每一顿。

我出生在云南大理一个叫永平的地方，这个出生地的地名仿佛是一种预言，预告了我的一生会永远平平安安。这个永远是我从生到死的长度，现在还没办法计算这个长度是几年零几个月零几天几分几秒。这个预言般美好的地方，我没待多久，具体多久，我也不知道，反正是我出生不久后，就被父母亲带回父亲的老家，金沙江边高高雪山上一个叫巴迪的傈僳族村庄。巴迪是父亲的老家，那里有我们的老屋，直到我十岁才离开。

我们离开的时候，村里的广播正在播放土地改革，马上要承包到户的政策。这个美好的消息虽听入耳，只是不能完全理解土

地承包到户的意义，见叔叔婶婶展露着希望的笑颜，我也莫名地高兴。而我十岁之前，所有与吃有关的记忆都是烙面饼、沙沙饭、煮洋芋和盐烤茶，那是一段生命中挥之不去、充满饥饿的童年岁月，也是我一生对吃锲而不舍执着的诱因。

我十岁那年，日历上正好是1980年，父亲把我和母亲带到德宏。

那一年，父亲的单位正好在德宏境内修建大桥，那时德宏的五个县还叫外五县，进德宏的路要经过许多哨卡。从那年起，我们跟着父亲从盈江、梁河、潞西（今芒市）、畹町绕，最后才在瑞丽安下家来。也就是说，到我十岁，我们一家三口才在一起，才开始建设一个属于我们的家。1980年，吃在我们家还是头等大事，父亲一个月四十斤粮票就是我们一家的口粮。贫穷从我出生就一直跟随着我成长，幸运的是我的父母有一双勤劳又灵巧的手。就算是只有粗茶和淡饭，我也从没有挨过饿，无论是多么平常和节俭的日子，每一天的晚餐都是我最期待的时光。

每当夜色笼罩筑桥队的工舍时，我们家就生起了火，母亲在我们家的土灶前为我和父亲煮饭，火光照着她转来转去的身影，她在一切都是简易搭建的厨房里忙碌着。四根竹子撑着一片油毛毡做顶，没有墙，风大的时候火会在灶炉里向母亲笑，下雨的时候，顶外大雨顶下下小雨，当然月亮明亮的时候我们可以省去灯油。父亲还用竹片为母亲搭了一个长长的案几，我说的竹片就是把一根大龙竹破开，再照着竹心里的每个竹节竖着破几刀，摊平，这样一根竹子就被摊平整，每一片又因在竹节上破的不是同一水平线而相互缠连在一起，两块竹片就搭成了一个案儿，竹子有多长案儿就有多长。案儿上放着零乱的碗盏、刀、砧板和五颜六色的蔬菜，母亲哼着歌儿，双手上下翻飞，动作麻利地切菜，搅拌锅中食物。粗布缝纫衣裳宽宽地罩着她瘦小的身子，用食指沾锅铲上的汤汁尝盐味，是母亲一生中最可爱、最令我心悸的一个小动作。那个时候的母亲满脸都是柔情蜜意，心里有的，眼里全有，每天做饭是她对父亲和我表达爱的方式。

母亲那一双手上布满裂痕和茧子，这双粗陋的手从来没有绣出花儿朵儿，却能在荒芜的土地里，种出青青白白、红红绿绿的菜蔬，在缺油少盐的年代里给我可口的饭食，为我家贫寒的饭桌上添了许多欢喜与骄傲。

在老家的那十年，爷爷还在，父亲与三个弟弟没有分家，二叔当家，二婶娘主管一家吃喝用度。自从爷爷把一串叮当作响的钥匙交给二婶娘后，粮仓和厨房就归二婶娘了。母亲在西厢房的缝纫机前挣工分，听二婶娘的安排完成一些家务。傈僳族旧时的大家庭，有一套自古传下的规矩，全家人必须听当家者的安排，谁也不可越位。二叔每天早饭时就安排谁去地里，谁找猪草，谁去放羊，谁去担水，一切按部就班。母亲一直没被安排到厨房，所以她没有学会烙面饼和搓沙沙饭。

母亲怀揣着一身做德昂族菜的绝技，直到我们一家三口团聚才显露而出。1980 年，农村户口和城市户口还有着天壤之别，为

➡田间

⬅深山人家

了一家人在一起，母亲选择了做临工，开荒种菜，跟着季节上山找野菜，但凡山上能找到的吃的，母亲都会想方设法背回家来。从那时起，母亲就成为我心里面那个美食魔术师，她总能给我饥饿的胃一餐温暖的食物，给我贪馋的嘴巴一个饱足。

我们家很少吃早餐，应该是父母亲很少吃早餐，天未亮母亲就出门做临工去了。父亲原来是石匠，后来不知怎么就变成饲养员了，也是天未亮就去单位的猪场侍候上百头的猪。他们会给我留五分钱的饭票，这五分钱的饭票可以在食堂买到一个馒头或者一个肉包，我边吃边飞跑着去子弟小学上课。老师是父亲单位里抽调出来的上海知青，我刚刚从半汉语半傈僳语的课堂转场，老师吴侬软语的讲课常常让我睡意浓重，还不到 11 点，我就饿得心慌，12 点下课钟响一下，我就抱着书飞一样跑回家。最初我掐着钟声飞跑是因为饿，后来是为了躲挨打和挨骂。我的整个少年时光都是掐着钟声飞跑，飞跑着离开学校，飞跑着躲避同学，飞跑着回家。说是家，其实就是一排简易油毛毡房，分成几间，一家人一间，隔墙是竹篾笆，一口喘气声都可以从第一间传到最后一间。

母亲煮酸笋的味道传得最远，其次是烧干豆豉的味，这两种味诱人，也惹人嫌，有人寻着味来讨一块，也有人骂骂咧咧来斥责。无论哪一种人来，父母都是说着好话赔着笑，那是我最早懂得的卑微。这种卑微也许来自遗传，生生世世跟随着我们，在我身上也固若金汤地保持着。

从夏天说起吧，这个季节我们驻地四周的山最丰盈。母亲能从山中取回野菌、知了、水沫衣（苔藓类）、树花、竹虫、山竹笋及许多野菜野果，她在热带丛林里找山货的本领来自外婆。七月末，一场接一场的山雨之后，沟箐里的野山竹笋就破土而出，背着背箩进一趟山，必是满满的收获。野山笋很苦，不能直接食用，但只要经过母亲那一双巧手，总会变成美味的食物。

德昂族一生与竹密不可分，住竹楼，用竹具，吃竹笋，女子缠竹腰箍，男子立竹幡杆，到最后也是一个竹棺笼送入土。加工鲜笋是每个德昂族女子与生俱来的本事，一年四季的饭桌上，几乎每一顿都不会少了笋。后来我们移居城市，当上了内心恐慌的城市边缘人，但这门手艺，在我们家一直保留着。

采回来的笋洁白又新鲜，泛着青竹微微的苦香，母亲在山里就剥去了笋衣，用山涧水洗干净，背下山新鲜的笋还饱满充盈，分量很重。母亲把背肩卡在头上，整箩重量都由头顶来承担，她空出来的两只手还不忘一只拎一袋。我吃的每箸山菜都是母亲翻山越岭用这个姿势背回来的。

每年夏天母亲就会制作腌酸笋、臭笋、干笋和黄笋。

做腌酸笋要先擦笋丝，擦丝的工具叫擦子，是父亲在一块木板的中间镂出一个空位，用一个捡来的圆形罐头盒拆成片，用根长钉在铁片上打出成排整齐的钉眼，把铁片镶在木板的镂空处，钉眼的反面向外，就做成了我们的擦子。擦子的底部抵在盛笋丝的大盆边，另一头握在左手上，右手就可唰唰唰地擦丝了，这是个技术活，要掌握擦子与笋的距离，更要把握笋与手的距离，稍不留意手指就会被锋利钉眼的倒口擦出丝条状。我常常会被堆积如山的嫩笋子的苦味扰得心急火燎，就想一口气擦完，好出去透口气。手快擦子更快，受伤就成了常事儿，母亲给我受伤的手缠上从旧衣服上撕下来的布条，又低头继续擦笋丝，笋汁浸着伤口疼得我嗷嗷叫。母亲就会说：“你这性子，以后总要有吃不完的亏等着你。”其实我是母亲的复印件，用我的一生复制着她的一生。也确实如母亲所说，我一直在为我的急性子买所有的单。

母亲把我擦好的笋丝一层一层地铺在大大的土陶罐里，我家腌笋的罐有半人高，大圆肚子那种。母亲弯着身子压实笋，我每次都担心瘦小的母亲会掉进罐里。有时我暗暗希望她掉进去，这样我就可以抽身起来拉她一把，我随时盼望着可以有一秒钟的时间放下手上的擦子，让我又酸又疼的关节和手指得到解脱，但母亲摆弄起比她胖一倍的大罐游刃有余，干脆利落。罐中的笋丝被她瘦巴巴的手掌压得绵软厚实，直到笋丝渗出的水没过笋丝本身，罐口就盖上芭蕉叶，芭蕉上盖块木板，木板上还要压个石头，腌白笋就做好了。母亲总是用最后一盆笋丝腌香酸笋，所谓香酸笋

南桑

其实就是用盐和切碎的小米辣拌匀，同腌白笋一样入罐，压实，封好，放置到屋角不动，一直到开坛入锅，这是一个漫长的时段，但母亲总会把开坛的时间拿捏得准准的。

到开坛，一罐罐酸香的腌笋就成了我们全家的最爱。酸笋与任何一种菜都相得益彰，它与谁搭都鲜香满口。我们家最常用酸笋煮洋芋、煮茄子、煮豇豆、煮蕨菜、煮瓜尖、煮青菜等等，这里不知道得用多少个等等才能表达酸笋百搭的魅力。后来生活好起来，母亲的酸笋就煮鸡、煮鱼、煮五花肉、煮猪蹄、煮牛肉，成了我们全家的最爱。

说到酸笋煮青菜，其实这道菜还有另一个名字酸炽菜。酸炽菜在德宏是一道最家常、最经典、最著名的菜肴，各民族之间做法也各不相同。德昂族酸炽菜最讲究两点，一是酸味正，二是绝对素，不用骨头汤，不放糖，更是不沾一丝油腥，完全取植物的自然酸。有酸笋煮、酸木瓜煮、粘枣果煮、盐酸果煮、羊奶果煮、酸渣果（多依果）煮、干腌菜煮和青菜秆腌制的酸水煮，这么多的菜酸和果酸都可以与青菜搭成一道风味酸炽菜。拍几粒蒜同大芫荽、小米辣一同切碎，再加一勺酸炽菜汤，是酸炽菜标配的蘸水。这碗蘸水是任何一锅酸炽菜的灵魂，必不可少。

黄笋是用鲜笋破成四瓣，放入大锅中使劲煮，水沸时铲几铲热灶灰丢进锅。等到锅里的笋瓣变成深黄色，捞出泡在清水里，每天换水，保持水清洁，三天后笋原来的苦味就泡尽了。黄笋可炒，可凉拌，黄笋的灵魂伴侣则是姜叶，缺了姜叶无论怎么做都

会差着那么一点点味。

煮香黄笋最有趣，用母亲的话说就是笋子煮笋子。我记下了母亲做这道菜的方法，将黄笋撕成细条，捞一些去年的酸笋用铝锅煮开，放入黄笋煮半小时，加盐、小米辣、鲜花椒、姜叶继续加火煮，锅中翻滚着白的笋丝、黄的笋条、红的辣椒、绿的姜叶，还有一粒粒花椒果，非常漂亮。一直煮到笋汤快干，起锅后放凉，就可以摆上我们家的竹篾桌了。我记得曾到处说我们家有怪味的二莲她妈妈，后来只要一闻到我家煮香黄笋的味，就揣着个碗来：唐嫂子，我家二莲她爸让我来要一碗，然后就自己动手堆一尖碗。我家厨房没有门，当时我想要是有道门就好了，香的臭的都出不了门去。

干笋其实是最简单的，把黄笋摊在竹笆上晒干就是干笋了。干笋要搭肉做出来才好吃，我们家的干笋大多是拿上街去卖掉。母亲也会晒些酸笋干，用腌好的酸笋煮干水后晒干就行，酸笋干撒到任何一道汤里都可以提鲜。

臭笋也是每季必做的，母亲做的臭笋是这个世界上最美味的食物，从来没有被替代过。母亲在一个小竹箕上铺上南瓜叶，刚采回来的嫩笋破成小条叠放在南瓜叶上，淋一道井水，再铺上南瓜叶，放在土灶边，每隔三天淋一次井水，捂十五天后揭开南瓜叶，白生生的笋块已经变得微黑，曾经硬朗的身段也变成软绵绵的，扑鼻而来的是臭笋特有的臭。臭笋煮南瓜尖、煮洋芋、煮五花肉口感很独特，是那种马上就被浓烈气味包围了的感觉，一点

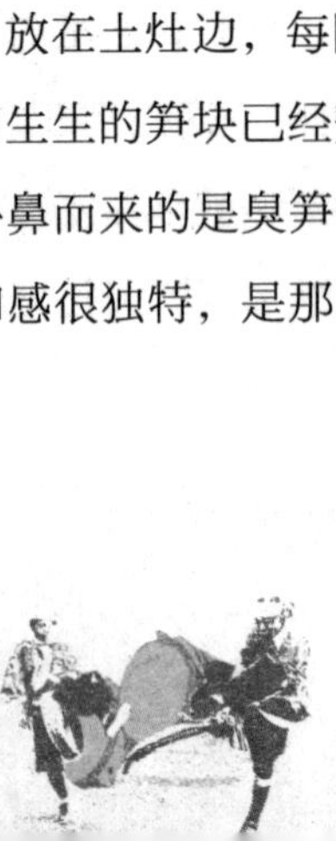

也不雅美，却有一种原始的食欲力催促我：快吃，快吃！臭笋闻着臭，越煮越香，对我来说还越吃越香。对于臭笋，没有亲自吃过，真的体会不到它的臭与香在胃里升腾那种充满渴求的美好。

德昂豆豉等同于其他食谱中的味精、鸡精、蚝油、酱油，豆豉是德昂菜最主要的调味品。煮鱼不能缺豆豉，母亲煮的鱼要用水香菜、茎菜叶、侧耳根和小米辣，热油把豆豉煎微黄，加水，鱼也同时入锅，水开放水香菜、茎菜叶、侧耳根和小米辣。臭豆豉与鱼腥气相遇，竟可以混合成一锅被平衡之后的香美鱼汤。也许平衡它们的是水香菜的香气、茎菜的呛气、侧耳根的腥气和小米辣的辣味。植物也有一套自生而成的相生相克系统，遵循着这套系统的规律，我们获得了舌尖上的美味。

凉拌不能缺豆豉，舂菜不能缺豆豉，炒菜不能缺豆豉，煮汤也不能缺豆豉，比如杂菜汤，母亲就常做两种，一种用酸笋，一种用豆豉。直到现在，我也不知道杂菜汤是否还有第三种做法。就算什么菜也没有的那天，母亲的一块火烧干豆豉就茶水泡饭，也能让我和父亲吃出的满足。

母亲会在初冬时节做豆豉。黄豆是母亲用舅舅寄来的豆种，种在离我家不远处的山坡上，豆枝小小的，豆叶小小的，豆粒也是小小的。一半坡地我们只收到五箩豆子，母亲留下明年的种子，其余的全用来做豆豉。晒干后的黄豆，用清水泡一夜，淘洗干净，放进木甑蒸熟，倒进铺好笋叶壳的篾箩，趁着热气未散，用笋叶壳封好箩口，再用木板和石块压好，放在屋角发酵。等到豆粒之

间可以拉出细丝，就可以倒出来，用木碓舂成泥，拌上姜丝、辣椒面、茴香籽和盐，捏成团晒干，就是我们的干豆豉。刚蒸出锅的豆，用两片枇杷叶包成小包包，用细篾条扎实，放置到土灶上方的竹箕上，随吃随取。这就是著名的德昂臭豆豉，枇杷叶包的豆子发酵会更好，丝拉得密，用姜丝、小米辣和盐拌一下，臭豆豉马上就变成香辣可口的下饭菜。父亲曾笑母亲太败家了，米缸里一个月的米只放半个月就空了，顿顿做的菜都是催饭剂。可父亲咂着嘴的表情，分明是与幸福高度契合了。做臭豆豉手艺，在我这代就断了，现在我做菜都用老干妈豆豉代替了。

我们家好像从来没有用过味精，母亲卖山货的街天偶尔会带瓶酱油回来，用半斤量的那种橘子汽水瓶，我和父亲就争着泡酱油饭，我们一直认为酱油浓浓的豆香能使饥饿的心情舒畅。那几年，特别容易饿，吃多饱都抵不住年少的疯跑，每次饿急急地回到家，母亲的饭菜就是最顶好的安慰。

有好多年，我们家的中午饭只有两种，茶水泡饭和米线汤泡饭。茶水泡看似简单，但母亲还是会费心准备，泡饭的茶水要在炭火上用小陶罐烤香，沸水冲入陶罐中，刚离开炭火的罐子受了水，会发出扑哧的声响，在火中煨到水沸，果绿色的洋碗盛满白米饭，微黄的茶水倒进去，相依的饭粒马上散开，被烤黑了的细小茶梗飘在白饭粒上面。我爬在摇摇晃晃的篾桌上看母亲做这一切，一度误以为母亲的双手是被仙姑点过才具有这样的魔力，而这双手上的魔法，最终会传给我。

我家的米饭也很特别，与别人家做饭完全不同，母亲早晨出门就泡上米，中午回来淘洗干净，直接放入木甑里蒸，蒸到水汽完全透过米层，我母亲管这个过程叫上汽。在后来的生活中我再也没有遇到过上汽这个词。生米蒸饭，吃酸、吃臭和吃辣的饮食方式，加上父母亲少数民族的思维和处世行为，让我们一家在当时成了特立独行的人家。

我们家的茶水泡饭，有米香，有茶香，母亲还会配上烧豆豉、拌豆豉、脆黄的腌菜、春菌和岩姜、侧耳根等等。米线汤泡饭则是在忙的时候才会吃上一两顿，用一个特别大的搪瓷缸去父亲的食堂打碗米线，和打饭的师傅多要一勺汤，回家盛好三碗米饭。母亲把米线和汤均分在碗里，就是我们家的米线泡饭了，一家人坐在竹桌上吃米线泡饭，我从来没有觉出过米线泡饭是穷人的食物，我也一直都知道母亲会在我碗里多扒一些米线。

几十年光阴转瞬过去，我已经吃得起鱼和肉了，茶水泡饭却依然是我的天降甘露。任满桌山珍海味，永远不及母亲的一碗茶水泡饭。我不知道我的孩子远离家门的时候，她会想念家里的什么，我想母亲，想起的全是她做给我的一碗汤、一餐饭。

每次头痛脑热生个小病，母亲必定会给我做猪油拌饭，挖一勺猪油在碗底，撒上盐和草果粉，刚出甑的热饭盖在上面拌开，粒粒白米饭裹上猪油，泛出晶亮诱人的光泽，油香、米香和草果香在口中四散开来，那绝妙而满足的味道，会让我忍不住因幸福而来地流泪。吃完还不忘把碗里的油舔干净，我装病骗过母亲，

就为了吃碗香腻的猪油拌饭。

那个时候生病，我家只吃两种药：头痛粉与藿香正气水，这两种药包治百病，发烧、感冒、疲乏就吃又酸又苦的头痛粉，腹痛、拉肚、胃疼、呕吐就吃又辣又麻的藿香正气水。

如果不幸两种神药都没有治好，母亲就给我刮痧了，刮痧的工具是弯弯的镰刀背。母亲把我按倒，掀开上衣露出我瘦骨嶙峋的背脊，抹上老虎牌的清凉油，抡起镰刀就嚓嚓刮，我的背脊就火上浇油般疼，那种生铁器的冰冷划过皮肤的感觉，永生难忘。母亲的理论，刮着疼就不是痧，刮不出血泡就治不好病。那就更惨了，要放指血了。放指血是母亲对我的升级治疗，用麻线缠紧手指，用缝衣针刺破指尖，挤出血，十个指头依次进行，若指血乌黑则手到病除。被紧扎的手指每次放出的血都是乌黑的，我忍着指痛默默成全了母亲施展治疗绝技。母亲老去后，放指血真的成了绝技。刮痧被延续下来，这回换女儿给我刮痧。女儿用一块牛角刮痧板替换了镰刀背，我的上一代和我的下一代，在我的背脊上完成了她们对治疗我的工作交替。

每回生病，母亲就给我做病号饭。如果吃过猪油拌饭还不见好，母亲就开始做糖水荷包蛋了。煮荷包

蛋的红糖是母亲自己做的，冬天的时候甘蔗成熟了，母亲会买一手扶拖拉机甘蔗回来。剥掉叶子，用毛巾擦干净甘蔗，断成小段，在大铁盆里用父亲做的木槌把小段的甘蔗砸碎，去掉甘蔗渣，再用纱布滤一道，把甘蔗水放入大锅，架火熬煮。煮至浓稠，盛进洋碗中放凉，倒出来就成了小盖小盖的红糖。母亲做的手工红糖，色泽微黄晶亮，入眼就口齿生甜，那种甜香隽久地在我记忆里存储着。红糖也是我最美好的零食，母亲会将一部分红糖敲成小块，放在一个陶罐里，放学回来我可以吃上一块，那些在学校里受的委屈和被甩来拳头掀起的恨意，就会被母亲制作的甘甜稀释掉。曾有小伙伴用大白兔来跟我交换母亲做的红糖块，那一分钟我实实在在地骄傲过一下。

我家的鸡下蛋不勤，母亲也轻易不拿鸡蛋来做菜，鸡窝里收来的蛋，被母亲直接就埋进米缸里养着，只有我生病或者来亲戚，母亲才会把手伸进米缸扒拉着翻出来煮糖水荷包蛋。红糖切碎放入沸水中煮出汤色，鸡蛋一个一个打下去，撤掉柴块只留炭火，等蛋白紧紧地包住蛋黄，再放一勺砂仁粉和一勺猪油，盛起来就是发着药香的糖水荷包蛋了。母亲的糖水荷包蛋是我们家病号的最高待遇，一碗下肚，病就去了一半。

母亲只在过年的时候做甜白酒，按需供给的粮票还不够吃饭，糯米也稀缺，甜白酒就是我们家的奢侈品。做甜白酒的陶缸，平口，有点像如今常见的风水缸，没有风水缸精美，缸底到半腰上着黑釉，半腰到缸口是黄釉，母亲用旧布包裹好底部，每每搬动都是轻拿轻放，极其爱惜。父亲做个带手柄的木盖子盖上，盖子掀开，酒香扑鼻而来，瞬间舒爽心醉，甜白酒荷包蛋一年只有在大年初一那天能吃上一次。

母亲制作美食的工具大多是粗陶制品，易碎。因为父亲的工作是修桥，修好一座桥我们就得搬一次家，每次搬家。母亲最先

拾掇一个破旧的细条篾箩，篾箩里放着很多各色花布缝成的小布袋，每个小布袋子里放着母亲的种子，鼓鼓囊囊、花花绿绿地塞满了篾箩。收拾好了这些种子，母亲就用一块绿色的塑料布把篾箩包好，再把她的器皿都用稻草和报纸包紧，连同奶奶留下的一幅唐卡装进几个深箩。搬家的车来了，母亲最先搬上车的是她的箩箩筐筐。每到一个新的营地，母亲总是家还没有安顿好，就慌忙去找可以耕种的土地。

那个时候父亲的桥工队常常驻扎在某个江边的荒郊野外，我们家的油毡工棚的房前屋后就会有大片的荒地，面对这些长满荒枝野草的土地，矮小瘦弱的母亲显出无比的兴奋，就好像拾到了个天大的元宝。确定了要种植的土地母亲就会唠唠叨叨跟父亲说着哪块地土质肥沃，哪块地少水分，该先垦哪边，得先种下什么种子。而父亲回答母亲的永远只有一句话：耪菜蔬，那是你们女人的事。母亲也许天生是面朝黄土背朝天的命，她热衷于挖地、除草、浇水、施肥，做这些农活时母亲耐心细致，热情饱满。在那些日子里我成了母亲种菜的帮手，种出萝卜、豆荚、西红柿、黄瓜等许多蔬菜。我不知不觉、无药可救地热爱上土地，总以为我必须同母亲一样要与一块土地生生相息。

吃过心心念念惦记的糖水荷包蛋还不见好转，母亲的食疗方案就调整成拌酸木瓜了。酸木瓜成熟的时候，买两箩回来，一部分切丝晒干，一部分泡成盐水木瓜。遇上久病不思茶饭，母亲就捞出两个削成薄片，用小米辣和白糖渍一个下午，脆黄的木瓜片

上点点红色小米辣、白糖渍出的汁酸酸甜甜，一碗吃下去，剩下那半病情就被摧毁了。到晚饭时，空了几天的胃就生出了强烈饥饿感。

那个年代，吃饭和睡觉也是治病的方法，我父亲的口头禅：能吃就病不倒，没有一个觉睡不好的病。每次生病父母就想着法子给我打开胃口，他们的理论是吃饱肚子，好好睡一觉，病就自去了。穷家穷路的人家，父母什么病都用身体去扛，以至到晚年，二老都病痛缠身。

母亲用烟丝治疗外伤，小磕小碰就一把烟丝覆伤口，一块破布包扎起来。无论大伤小伤，母亲第一时间要炒一碗豆豉饭让我吃下，看着我吃光，她才放心去忙。民间有酸笋、豆豉和公鸡是最毒的发物之说，会诱发疾病和伤口，母亲却用发物来止发。这个没有科学道理的方法，也一直应灵。生女儿时难产剖腹，我才出手术室母亲就送来热腾腾的豆豉炒饭，二十多年来，腹部的刀口从来没有痒疼过，就连伤口愈合那几天都没有过痒疼的症状。不知道换成别人家的豆豉，换成别人母亲的手做出来的豆豉炒饭是不是也有灵，也许心里信，一切就灵了。

少年时的事，有的忘记，有的模糊。有关吃鱼的笑话，我一直清晰记得。有一天，邻居家弄来了一条大红鲤鱼，一家四口蹲在门外杀鱼，我听到动静也跑去看。我从来没有见过这么大的鱼，我蹲在他们旁边，看着叔叔刮鱼鳞剖鱼肚。一条红鲤鱼，在我眼里全是白白的肉，毫无知觉地流出止不住的口水。其实我当时是意识到要掩藏起我流口水这个事情的，但他们家孩子一声惊叫：看，猴子手淌口水了。他们一家哄堂大笑。他们家妈妈还仰着脖子朝我们家喊：“唐嫂，唐嫂，快来看你家姑娘。”母亲红着脸把我拉回家一顿猛揍，我记得母亲那天哭了。

说实话，那天之前我从未吃过鱼。到现在也没想明白，我怎么会对着一条自己从来不知道是什么味的鱼流了那么多口水。估计我是用想象出来的美味把自己陶醉了。第二天，母亲用正在下蛋的一只母鸡换回了三条青鱼。杀鱼的时候，还去邻居家请教了杀鱼要领。两条渍上盐，就挂在门边的篾笆墙上，时不时高声撵下苍蝇蚊虫。另一条做成酸笋鱼，晚饭时母亲把盛鱼的搪瓷盆重重放在我面前说：多吃点，省得去别人家门口现眼。虽然有鱼吃，可心里不美，害我那顿鱼是什么味都没有记住。倒是两条鱼干被母亲用来做舂菜的味引子，我们家吃了好几顿。

这仅有的一生，我们都是被岁月的灯照着的红尘路上人。母亲用饥饿的智慧，维护穷人的自尊，她陪伴我走过漫长的人生四季，教会我在生存的路上，敬畏天地赋予的每一样食物。

到十月，我们驻地周围的水田里，翻起金色的稻浪，稻谷熟了。母亲早已用她的方式与周边村庄的人相熟了，她也就成了这稻田里收割的短工，一天算一个工，三个工可以得到一邦谷子抵工钱。邦是德宏一带的一种度量工具，用大龙竹制成，借竹节做底部，上面开口，容量五市斤。母亲帮工很尽力，割谷子，掼谷子，担谷子，晒谷子，她什么都干，掼斗差不多高过她胸口，她

宴席

踮着脚攒谷粒的样子，一想起我心里就发紧发疼。母亲在谁家帮工都是有始有终的，从收割、脱粒、运回家、晾晒、装袋到入仓，都是做完一家，才去找下一家。母亲口碑很好，年年秋收都有人请母亲。忙过秋收，母亲地里的菜蔬也该收了。成片的青菜被砍倒，就在它们生长的位置上晾晒两天，才背回家清洗。母亲开始做刀布拉了，刀布拉就是腌菜。我们一家主要用汉语交流，只有在不想让别人知道说话内容时才用傈僳语，德昂语我和父亲都不会，“刀布拉”这个词是我们家唯一一个一直用着的德昂语。

成堆的被晒得皱巴巴的青菜，统一清洗后挂在铁丝上晒干水汽，然后就开始做刀布拉了。拣出较大又偏老的青菜棵，菜头上划十字，把精壮的菜根划成四瓣，这样可以让菜根与菜叶同时酸，也不影响菜棵的完整。齐齐地码进大陶罐里，用糯米面熬一锅稀薄的汤，放凉倒进罐中没过菜棵，用火烤软的芭蕉叶盖好罐口，压一块石头在上面。一个月后就变酸了，捞出菜棵，用罐中腌酸的水熬煮菜棵，煮到酸水干尽，再把煮瘦了的菜棵挂竹竿上晒干，就是干刀布拉。晒干后用油纸包好，可以放一年，随取随吃，配上小米辣、姜丝、洋葱和盐，开水一冲就是我们的酸汤。

另一些滤过水分的青菜，在竹箕上大刀切段，放

酒、盐、姜丝、苤菜根、茴香籽和红糖，揉搓到青菜出汁，放入大罐压实后倒半瓶酒，铺一层盐，牛皮纸扎紧罐口放置屋角。三个月后，绿色的青菜变成了色泽脆黄的刀布拉，用来配茶水泡饭，又是一道增加饭量的菜。

我们家午饭简单，母亲在意晚餐，会更用心准备晚餐。她认为劳累一天，要好好慰劳胃肠，吃得饱才会睡得好，睡好了第二天才更有精力去劳动。如果有肉，也必定要安排在晚餐桌上。后来的日子，父亲单位里的年轻人会寻着煮黄笋的香味来我家，母亲煮一大盆端上来，他们哄抢着扒进自己碗里。渐渐地，也有了来讨豆豉的人，来讨地里青白小菜和葱花芫荽的人。母亲很慷慨，有求必应，每逢食堂里供应肉，爱来我家的那几个小年轻就会打一份送给我们，母亲拣出肥肉回锅炼一下，有时能炼出小半碗油。就着油锅用刀布拉炒拣出的瘦肉，刀布拉有了油的滋润，酸酸脆脆沾满了肉味，这就是我永远吃不厌的腌菜炒肉。

那些母亲为吃操劳辛苦的日子，突然间就变成了历史。我匆匆忙忙上学、工作、结婚生子，再也不是那个母亲身边的小帮手了。而母亲不知不觉就老了，她再也不会在我匆匆回去的时候和我讨论吃，只是沉默不语地从她的坛坛罐罐里拿些刀布拉、豆豉装在好看的玻璃瓶里让我带走。

想到母亲，总有舌尖上曾经的酸辣苦甜陪伴着一起回到记忆里来。母亲在饮食上的努力从来没有离开过酸、辣、臭，母亲用这三种味搭配出上百种吃食，供养我长大。我知道酸笋和豆豉在

德昂族的食谱中占主要地位，辣是这两个主角的灵魂引子。母亲勤劳的双手为我准备粮草，陪我长大，送我远行，在她引以为豪的坛坛罐罐中孤独地等我回家。

当我的额头也爬出一绺白发，我想起母亲，想起山坡上的豆苗和番茄花，想起放指血的针尖，想起烤茶罐里沸腾的茶香。

她把我当作她的未来，她却在她等的未来里老去、死去。

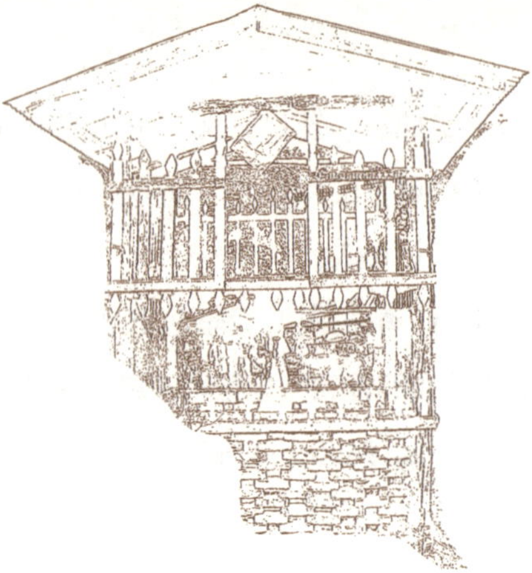

寨　心

站在午夜的街口，橘黄色的路灯拉长电杆倾斜的影子，晚归车流匆匆呼鸣而过。突然而至的迷茫，让我忘了我从何而来，满天星斗也从来没有告诉过我故乡应该在何方，我不知道自己是否还有故乡。

金沙江畔那个叫巴迪村的村庄离我越来越遥远，除了爷爷的拐杖声、婶娘的烙面饼和农布忧伤的眼神，我再也寻不来一个名叫牵挂的往事。

某年，我带着女儿往双江走，用母亲留下的一个地名想要找到外婆的荒冢。田畴阡陌，溪流绕村，竹木葱茏，满眼都是故乡的样子，每一条路都似曾相识，每一道门都以为是家。我清楚地记得那是一个假日里的秋天，我像是一个被镜子遗忘多年的孤儿，

只有剔骨般的剧痛，却看不见自己破碎的影子。仿佛我早已同外婆和母亲一道撒手人寰。对双江来说，我从来没有存在过，我倒是更像一个因错乱而迷路的人，杜撰了个故事来解释秋天里一场无缘无故的雨。从此，我再无法找出合适的理由说“我是临沧人”，这五个字对于我，从来就是无限绝望的思念，一遍遍萦绕在心头。我知道只有亲手打破这面摄魂的镜子，我才能走出这梦魇般的缱绻。

我出生在永平一条名叫老街的旧巷子里，街面上有打铁铺、裁缝铺、棺材铺、中药铺，一条叫银河的大河把巷子一分为二，一边叫新光街，另一边叫新民街。银河曾从新民街上一棵柿子树的身旁流过，我走过河上的石桥，穿过林立的街道，想听一听我来到人世的第一声哭泣，那是我向这个世界问的第一声好。只有一棵倒掉的柿子树和瓦砾上的荒草记得我从这里离开的背影，没有一缕风肯站在门口迎接我的到来，我和出生地的联系悄无痕迹地同柿子树一起倒掉了。

2005 年 7 月，我决定出发去寻找一个可以收留我的故乡，我不怕遇上循环反复的失望，就算我只找到白天和黑夜更替的迹象，只找到故乡的一个前期预告，我也要让自己走在路上。我在地图上清楚地标出茶叶箐、出冬瓜、冷水沟、帮外、松山、白鹭头，二古城、户弄、南桑和广卡，但我忘了标注明天、未知、神灵、星光和雨水。我怀抱着一本《崩龙族社会历史调查》出发，向着阳光，向着故乡，向着水草肥美之地盛开的七叶莲出发。

的确，我只有一堆母亲讲过的故事和一本《崩龙族社会历史调查》，这是我能有的全部与故乡的关系。多年了，我们一家互守着彼此的孤单和热望，一直生活在清苦的他乡。作为一个不会族语的德昂族人，我有计划无主见地爬过许多山梁，在多雨的季节来到两座山峰静静相望下的一座山谷，狭长的山谷里连绵的小山坳和无数杂乱无章的竹丛掩映着二古城。

我到的时候，被淋湿的鸟儿已归巢，寡言的雨水顺着翠绿的竹叶落满二古城的小路，泥土被泡成泥巴，我踩过去的脚印马上就被泥水淹没。回头望着被雨水掩藏的来路，感觉半生的艰难、苦痛、努力、欢愉和寻觅都被迷蒙在这苍茫的天穹之下。

那一夜，睡在陌生又亲切的族群之中，连梦境都有了丰盈的伤感，茅草竹篱下的德昂族村寨，如我梦中一再挽留亲如肌肤的外婆、舅舅、姨妈、表姐弟，他们一个个在我的个人史中曾经变成了朦胧的背影，遥不可及。就在那一夜，他们如同永不褪色的画像，一一回到我记忆的缝隙中，让我伸手就可以抚摸。

雨住了，云雾漫天漫地而来，将整个山谷笼罩。清早奘房那边传来清脆的钟声，一只织布鸟扑打着翅膀从芭蕉丛中飞出来，在低云的天空中转了一圈又落回奘房前面的榕树上。那一天，二古城做奘祭寨心，做奘是指所有佛事活动，奘房就是德昂族的寺庙，里面住着佛爷，也住着小沙弥，但村庄的奘房里没有长住的佛爷，只有做奘和节日才会有佛爷被请来主持仪式。二古城的奘房平时只有村中老人照看，并无驻奘僧人。

寨心就在村子的最中央，通常会与奘房在一起。寨心其实是一根立起的圆木，拱圆形的底部，尖顶，直指天穹。木柱上雕刻有七叶莲，有的是莲花，也有的什么也没有。挂五彩缤纷的纸幡，四周围满塑料的、纸扎的和新鲜的花束。也有村寨是一根长竹竿，竹竿上挂七层竹篾和纸扎成的花环，底部也用竹篾围拢。无论哪一种方式的寨心，四周都要用沙子堆围起来。据说沙子可驱鬼，德昂族的叫魂仪式中也有撒沙驱鬼的环节。

祭寨心不是佛事活动，是德昂族的原始自然崇拜习俗，后来日常祭祀和赕佛几乎都同时进行了。一边信仰万能佛祖，一边敬畏自然，这也许是长期以来的民族求同心理。德昂族信佛不是求，是修，对自然鬼神有敬有求，求平安，求五谷丰收，求六畜兴旺，求无病无灾，求人间一切可求。

德昂族各村寨对寨心叫法也不一，有的叫寨桩，有的叫吉地，

二古城供寨桩

有的叫寨心。寨心掌管着整个寨子的人畜繁衍和昌盛，立寨心的地方一定要是一个寨子的中心。寨心是村民的心目中神圣之地，代表着创立者世代信仰的归宿。德昂族认为村落如同一个人的身体，有心脏、肚脐和灵魂，在德昂族的观念里寨心并不是村寨的心脏，是肚脐，是通向母体的通道。

寨心是一个特殊崇拜物，自村寨创建那天起，就代替寨神向村庄传递信息。所以举行祭寨心仪式，则是人们向寨神陈情的主要时刻，每年定期举行一次祭寨心。祭寨心由村中长老或者寺中佛爷主持，全村每家每户携带供品参加祭祀活动。除了每年定期的祭寨心之外，如果村寨发生天灾人祸时，也会举行洗寨心的仪式。

那天主持祭祀的奘房主持，是个没有穿僧衣的中年人。他在夏季雨后的炎热中操持一切敬献活动，他用竹篾供桌置放上剪好

寨心

的七彩纸幡旗、洁白的米饭、五色干栏片（一种豆制品），还有酒和茶，供奉在寨心前，半蹲在地上，双手合十，口中念念有词，我听见他说："请一定要给我们充足的阳光，给我们丰沛的雨水，长粮食不让我们挨饿，长四方草让我们的猪和牛也吃饱。"已经是日新月异的纪年了，我们祈求的愿望依然还这么原始朴素。

在祈祷的人群中，有一个小女孩手持一朵鲜花，蹲在爷爷和奶奶之间，她天真的脸上写满了莫名的虔诚，仿佛全身裹着我永远到达不了的信仰。有那么一秒钟，我突然觉得她是闪耀的烛火，而我心智薄弱，羞惭难当。一整天，我屏息静气，坐在祈祷的人群中，从寨心桩到奘房的佛前，我需要一个引领，一个来自族人和神的引领，我以为那引领就是要找的回家路。

人们在奘房廊檐下摆上了晚饭，有鸡有鱼，有酸有辣，有酒有茶，都是恭请鬼神先用了才摆上桌的。吃过晚饭，就要结束这

一天与鬼神互通的欢聚。我在黄昏的门廊下遇见杨忠平，他黑白掺杂的头发像一块杂草丛生的土地，而尘土就栖身在他粗糙手掌的褶皱和指甲缝里。夏天的蝉在他右侧的树上叫叫停停，孤单而热烈。很多年过去了，我仍然会常常想起那一幕，一生中唯一一次遇见丁琴王，他就像那间小小的奘房，安静、清苦、孤独，却有摄魂的异彩，让人心甘情愿地走近他。

2019 年，也是在 7 月，我女儿去造访二古城，她回来告诉我老奘房已经被拆了，人们在原址上建起了新的奘房，新奘房又高又漂亮。可我心里只留着那天的奘房和那天的杨忠平。他们像上天为我备下的一生的粮草，让我在荒原上远征，又免受饥饿。

在我遇见杨忠平的那一时刻，我还不相信他的那双沾满泥垢的手，就是那双弹赛可调的手，更没想过就是这双手制造了一把又一把丁琴。我第一眼不相信他是个有故事的人，后来在百度上看到关于他的介绍：杨忠平，德昂族，1957 年生，乐器制作和演奏艺人。把几近失传的丁琴演奏搬上舞台，推向大众。还把传统丁琴的 3 个音品改良为 7 个，他对丁琴的外观设计也进行了大改良。

第二天，我去了杨忠平的小屋，他给我一碗渍好的木瓜，就又回到案头刨木头，他说赶工做一把琴，是缅甸那边来订的。我坐在他家晒台上，一边吃着凉丝丝的酸木瓜，一边听刨子滑过木头的声音，倍感温馨。

后来，我听完了他所有的故事，我理解了他对丁琴刻骨的钟

丁琴艺人杨忠平

爱。丁琴也叫龙头琴，有点像琵琶，琴头是青龙首。琴身细长，老式的丁琴只有三根丝弦，共鸣箱呈椭圆形，琴杆短，共鸣箱瘦长。共鸣箱不是整个都是空的，是在长椭圆形的音箱里开了个长方形的槽，两侧有两个特有的小圆孔形成了对称音。杨忠平改良后的丁琴有四根琴弦，使音色更加空灵柔和、清脆动听。

丁琴因为音量小，音域窄，是德昂族串姑娘专用乐器，丁琴经典赛调也是用来表达爱情的曲子。听杨忠平的丁琴，能听出人生悲欢，又能在一幕幕悲欢之中浑然忘却尘世纷繁。婉约动人的是他的悲喜，清脆悦耳的是他的热爱。未曾被苦难耗尽的一直是他的爱，音乐扎根在他的生命里，排挤掉每一个一贫如洗的日子，成为他的整个世界。我意识到他看似微不足道的孤独，是遥远尘世的钢筋和水泥、外卖和空调都不能剥夺的人生成就。这么丰厚的回报，并不是人人可得。

我与杨忠平说我与母亲的族群一路走近又离远的茫然，说我以为二古城会有阴森森的城堡，会有护城河上吹过来的冷风，会有入城的栈桥，城堡上飘着猎猎的长旗，城堡里还应该有一个像外婆一样的巫婆。

现实中的二古城没有城，更没有墙，茫茫的群山和浓密的森林就是屏障，天空和山下就是边界。虚弱的琴师就生活在这座没有边界的城堡里，远离喧嚣，宁静而平和，他与世隔绝的不是生活，是他在时间里过得很慢很慢的孤单。贫困和磨难从来不曾使他的日子变得潦草，庭院开满花朵，桌几一尘不染，碗盏洁净，

寨心亭

他以他的方式传递着生命的智慧。他也会下山去参加一两场演奏比赛，拿一两个奖杯或几张奖状回来放在他四处透风的竹篱笆墙上。

他说，我吹一段响叶吧。他摘了一片树叶放在唇边，轻轻吹响，手中的丁琴也发出一串串美妙的音波。一边吹响叶，一边弹丁琴是杨忠平的演奏绝技，他之后不知还有谁人。他始终理解这个世界，就像他理解自己。制琴的时候他是琴师，弹琴的时候他是歌者，有着对纯真和美好永恒的向往。

我们约定再聚，偏偏忘了约定再聚的年份。于是，他走失了，走失在去收割稻穗的秋天，又或者是冬天。反正他没有向世人告

别，一个人悄悄走的。我订的那把丁琴他还没有做好，他天天弹的那把丁琴也没有带走，没有带走的还有那一碗足够酸、足够辣的拌木瓜的味道，因为那碗木瓜里有妈妈的味道，妈妈的拌木瓜不止消暑，更重要的是解郁。其实我们的一生中，无时无刻都有着这样的离别，有些人一生你只能遇见过一次，一次足够一生怀念了。

之后，几经辗转，我在一个傣族村庄找到了一把三根弦的老式丁琴，已经被烟火熏得黑乎乎的。弦断了两根，但杨忠平的收藏里没有与这把相同的丁琴，我打算买下来送琴师杨忠平，结果丁琴的主人只允许我拍一张照片。我始终记着要将这把古琴的样子捎给杨忠平，因为我常常想不起他已故去。

我在夏季的晨曦中离开二古城，我去寨心桩下抓了一把沙子放在衣兜里，我相信这来自母族的无边法力，足够驱逐掉居住在我心里那个彷徨无依的忧郁鬼。沿着折叠的山路走下山，苍翠欲滴的群山目送我。一路我体察到万物用自己的语言捎来的送别，风摇摆草丛，云朵缥缥缈缈，阳光透过树梢。

我走近每一个村庄，都是心怀依靠，想成为他们的一部分，成为他们的亲人。我就是一只织布鸟，白天觅食，夜晚编织，住在自己设计的房子里，反复用我的喉咙流畅又含蓄地叠句吟唱。无论是在冬天的寨门，还是秋天的寨心，奘房永远是我魂要归来的故里。

十三支

十年前，在一个十月的傍晚，我第一次读到完全以崩龙的单名出现的有关德昂族的记载，这让我彷徨无依的心境，一下子就找到了返航回归的岸。作为一个古老而破碎过的民族，无处可寻的记忆会让我恐慌。

最早记录德昂族服饰的史籍应该是清光绪年间的《永昌府志》，比这更早的也有记载，但都是以濮人的总称方式记录的。“崩龙，类似摆夷，惟语言不同，男以背负，女以尖布套头，以藤篾圈缠腰，漆齿，文身，多居山巅，土司地皆有。”这短短五十个字，记录下德昂族一个时期的历史影子，对后世德昂族研究有着无比重要的贡献。作为一个德昂族人，这一段记录给了我对先族五彩斑斓的想象空间。

中年妇女装

“崩龙”：德昂族的旧称。

“类似摆夷”：这说明光绪某年，作者记录那个时期，德昂族居住在半山半坝地带，山顶是景颇族山官管辖，坝区是傣族土司的区域。这也说明，那个时期德昂族生存空间已经从茫蛮部落和金齿国的繁盛中没落。从傣语“滚峦”（山上人）一词中，不难看出德昂族已经是傣族土司的属民。这个时期也正是南传上座部佛教经由傣族传入德昂族的鼎盛期。德昂族村寨建起了奘房，有了诵经声，与傣族在信仰上的融合，也使得生活习惯向傣族走近。事实上，德昂族与傣族已有上千年的共处历史，生产和经济长期互补和交流，但从不通婚。

“惟有语言不同”：傣族与德昂族是完全不同的两个语系，但两个民族都极具语言天赋，加之生活往来、佛事活动等等，大多数人都能讲出一口流利的对方的语言。

“男以背负”：这里的背负，我们

简帕

德昂族人称披襟，是三台山德昂族男装的一个特色，也是长期生活在高山地带的德昂族保暖护肩的一种服饰习惯。衣领背部长布后垂，七色绒线绣成斜纹，缀多串绒线球装点。早晚护肩保暖，又因色彩缤纷而博眼出彩。男子披襟也是爱情信物，必是由心爱女子一针一线绣制。

“女以尖布套头”：尖布套头是德昂族妇女的一个传统头饰，

↑姑娘装

↓少女装

这些年已经很少见了。多年前，我在三台山的一个婚宴上见过，一块方形手织布，大多是五色竖条纹，对折，缝合一个角，尖顶为帽顶，其余布块垂在后背，这就是史籍中记载的尖布套头帽。帽檐后披着的长长的彩布就是传说中天上的彩虹，据说要上了八十岁的老人才可以戴这种头饰。

“以藤篾圈缠腰”：藤篾圈我们德昂族人叫腰箍，腰箍来自《达古达楞格莱标》的传说。上古的年代，腰箍是用藤篾制作的，后来有了银腰箍和竹篾腰箍。常用的竹篾腰箍有宽有窄，制作精美，刻有各种波纹、花草、鸟兽图案，侧腰两边绕银丝，漆成红色、黑色和黄色，还要挂上一串七彩缤纷的绒线球。腰箍是德昂族服饰中最独具风格的，传说腰箍是德昂族母亲青龙身上的纹印。腰箍还是男女传情的信物，女子身上的腰箍是由心意相通、互为爱慕的男子亲手制作的。

姑娘装

“漆齿”：关于漆齿的记载很多，或漆黑齿，或漆金齿，或漆银齿，以金齿为贵。我记事以来，记得漆齿就是嚼烟，成年以后，每个人都有一个银烟盒，应该说是银色的烟盒。因为很长一段时期里德昂族已经没有了自己的银匠，最古老、最传统的银烟盒早就无迹可寻。烟盒里装上芦子、槟榔、烟丝和块状白石灰，闲时就撮一撮出来嚼上，然后再吐出一口血红血红的烟渣来。我妈妈以一个德昂族女子的身份嫁给我爸时，门牙上就有两颗包金牙，是我妈十三岁刚换上少女装时，我外婆给镶上的。

“文身”：德昂族男子多文身，始于文身有刀枪不入神助力的传说，也与上古时代游猎、战争有关。德昂族一致认为文身可在打猎时读懂鸟兽，可在战事时避免成为俘虏。一般在手臂、大小腿、胸部和背部刺纹龙、虎、鹿、鸟、花、草和经文等图案。德昂族也是最早使用骨器的民族，德昂文身针就是兽骨制成的，现

妇女老年装

存于世的也不多见，唯见过德宏一位文学前辈收藏中有一枚德昂族骨器文身针。如果没有记错，这枚文身针是瓷白色，有一尺长，骨身有盛文身汁的内胆，针尖是纯银，还缀有漂亮的流苏。我一直认为这是一位德昂族巫师之物，流入世间，能一见也是生为德昂族人的福分。

“多居山巅”：德，是德昂语中的尊称；昂，是山崖或者山洞，大意为居住在岩洞里的人。自称德昂，也是感念祖先在洪灾中漂流到巨崖的山洞里存活下来，并繁衍续存至今。

“土司地皆有”：1956 年之前，德昂族在政治和经济上是处于傣族和景颇族的附属地位。1956 年，国家在德昂族地区进行了民主改革，德昂族作为新中国一个单一民族，有了名正言顺的来处。

以上是我个人对《永昌府志》中有关德昂族记载的理解。

德昂族自古分布广阔，山川阻

隔，江河分流，族人之间难以互往，因而德昂族形成了较多的支系，历史上出现过的族支有汝旺、汝果、汝峨、汝进、汝本、汝波、汝别牙、汝买阿、汝昂、汝腊、汝王、汝科、汝不列、汝布峨、汝布疼、汝汝孟丁、汝孟德丁、汝格若和干德别列等十九个之多。国内外现已知的支系就有二十多个，众多支系又形成了复杂的语言和多彩的服饰文化。据德宏史志资料记载，德宏境内有布列、布雷、梅罗、洛旺、饶博、饶静、梁、德报、饶曼、饶别、饶阔、冷和昂旺十三个支系。这十三个支系根据语言又分布列、饶静、饶曼三个方言。同时这十三支系与这十九个支系肯定有融合后自然易称的情况存在。其他民族根据布列、饶静、饶曼这三个方言族群的服饰习惯，又把我们分成红德昂、花德昂和黑德昂。

在我看来，红色、白色、黑色就是我们德昂族穿衣打扮的元素构成，七彩却是点睛之用，与我们山川田野的原始性格相符。民族传统是一种坚定不移、能够抚慰人心的力量，这种力量曾一度在我心里像风中的微火，被风一扑就要灭熄，就像拱母塔、千总帽、女王宫、雷弄山、古茶林、古石道、千家寨、旧陶罐、南算古寺和大木鼓一样。这些在岁月里曾留下明显痕迹的德昂族的遗迹，又被岁月掩入岁月，成为纸上遗迹，成为我们祭祀自己的一个庙堂。我今天所写，更多的是有痛觉的沉湎和充满怀疑的怀念。

德昂族人一生的服装是要按年龄分穿的，有幼童、幼年、少

年、成年、壮年、老年和高寿之分，男女都要按这个年龄段来穿着。女子要穿童年装、少年装、姑娘装、媳妇装、老年装，到姑娘装时，我们就要带上腰箍。男子要穿童年装、少年装、成人装和老年装。当然，我说的是从前，每一个时段的衣着都是对年岁的一种承认和尊重。失去父母家人的孩童会被亲戚朋友接管，还有奘房里也会接收这些孩子。没有儿女的老年人会由兄弟姐妹以及侄儿侄女抚养，这些都没有的也会被邻居照管，多一岁就多一分尊敬。

德昂族女子的装束按年龄分成五种，一岁至六岁穿幼年装，上衣是青色或者白色短衣，挂肩的青布裙，红色、黄色、绿色镶连而成的小帽子，帽檐镶一圈圆形银泡，帽顶缀一朵红色的绒线球，胸前挂银小象或者银锁，德昂族女子出生那天就用黄果刺穿耳洞，有的就用黄果刺剪去两头留在耳洞里，有的换成抹了香油的白线。

七岁至十二岁是女孩装束，青色或者黑色的对襟短衣，窄袖子，袖口缀彩色绒线球，对襟两边各镶一条红边，黑裙，白布条与裙腰相连，做固定裙子的腰带，也做腰饰，到这个年纪就可以戴上银圈或者银片状的耳坠子，胸前换成数根叠加起来的银项圈。

十三岁至婚前叫姑娘装，也是德昂族女子一生中装束最华丽，最自由的时期。上衣可选青色、白色、蓝色、黑色，可短衫，可中衫，可套头，可开襟，可圆领，可方领或者翻领，可宽袖，可

窄袖或者长袖短袖。若开襟仍是两边各镶红布条，红布条上缝四对方块银排扣，两襟红布条的边镶细小的银扣子，若是翻领，大多数是两层，底层白色，外层青色，衣领四周钉上七色绒线球。窄袖由肩头向下用红布竖镶三条细条，宽袖则在袖口横镶两条红布条。衣角用红线绣两条水波纹，波纹中间绣上花草鸟兽图案，再缀上绒线球。长裙，有黑色和红条纹，条纹裙又分粗条纹与细条纹，但女子的裙子都以黑色为主，裙角缀多彩绒线球，裙身右侧竖镶一条红布，也有的绣上数条红波纹线条或者镶上手工制作

↑中年装

↓老年装

的花边，到姑娘装白色或者青色的腰带就不缝制在裙腰上了，而是一条单一的布条裹系在腰上，裙子别进腰带上固定裙子。这个方法只有德昂族女子把握得住，因为稍不小心裙子就会掉。掉裙子在德昂族中是大忌，所以没有哪个德昂族女子敢不小心。到姑娘装就要戴上腰箍了，腰箍也有许多种，各个支系之间也有差异，但主要还是用细藤条、竹片或者竹篾制作。藤条制作的腰箍一半上银圈，一半是五根细藤条，细藤条漆成黑色，银圈在腰前，细藤条在腰后。竹片拇指宽，竹片上轻刀雕刻花草，多片为一组，有的就取竹子本来的青绿色，有的漆成红色、黄色或者黑色。竹篾制用的是超细条，漆成黑色，三十根为一组，竹篾腰箍是最简单的一款，多用于日常穿戴。头饰也有很多种，各支系不相同，有花头巾包头，有缀银泡和绒线球的帽子，还有七色线制成的彩虹包头。到穿姑娘装，耳附就换成了大串的圆耳圈，镂花，并且很重，姑娘的耳垂会被坠出一个大洞。项圈也加至七个，不仅重了，还在项圈上缀上了银链。有的支系在姑娘装时还要配有绑腿和护手，绑腿大多用青或蓝布制作，镶绒球，绣花边，上下两端用布条扎紧。护手与绑腿大致相同，只是护手两端用布扣固定。只可惜，旧时德昂族女子做姑娘的时间都不长，大多是早早就嫁人，结束了这个快乐自由的时期。

德昂族男子只有儿童装、青年装、中年装和老年装四个装束，也是青年装丰富一些。德昂族男子一生多穿蓝色、白色、黑色大襟上衣，宽而短的大裆裤子，在腰部对折，然后别入布腰带，又或者对折打结，裹黑、白布头巾，巾的两端饰以彩色绒球。三台山一带的男装还有披襟搭，也缀彩色绒球。以前，德昂族男子会在头顶正中留发编成细辫后垂，文猛兽文身，戴大银耳坠，至今上了年纪的老人的耳朵上还有戴大耳坠留下的痕迹，一个可以穿过小手指般的空洞，耳坠已经不戴了，只有那个空洞还讲着故事。那时的男子还绑腿，赤足，叼长烟斗，善狩猎。筒帕和配刀上也要缀着彩色的绒球。

当然，这些都是往日的衣着方式了，现在德昂族也穿上了方便简洁的汉装，民族服装只在节日时才穿上。近几年的德昂族服装也加上了现代元素，年轻好动的还加上了舞台元素，布料和缝制都采用现代方式，比以前的更精致，也节约缝制时间和成本，也更贴身、更柔软。

黄昏，忽然雨至，我一边煮咖啡，一边想象一个旧时的德昂族往事。心潮起伏，仿佛一股深流从旧岁暗处向新岁翻涌，有着

←简帕

→老年装

久违的甘甜和慌忙。我从来无法把心中躲藏的那个德昂族男子与外公和父亲等同，外公只是我心中的一个名词，一个称呼。父亲有着爷爷和奶奶的太明显的遗传，与德昂族相距甚远。每当我莫名根究这个德昂族男子时，我就如同一只骨瘦如柴的狐狸，坐在光阴的暗处，挠着雪白茸毛下的伤口，自己问自己问题，自己给自己答案。所有的答案都是寒冷的冬天，我拉上窗帘，挡去窗外的白雪，我以为我就不会冷了。

布列和饶静两个方言的德昂族女子嫁入夫家，便要剃去长发，此后岁月再无一根青丝。包黑布包头，包头两端留彩色绒球流苏。也戴大耳坠，也有耳坠重力留下的空洞。穿蓝色、黑色对襟短上衣，衣下摆和袖口缀多色绒球，用大方块或者圆牌银片做纽扣，着长裙，长至脚踝。布列支系的黑裙上横织多重宽红线条，饶静支系红裙上织黑色、蓝色匀称线条，裙摆多色缀绒线球。戴数十个细腰箍，多是红、黑、绿等色，刻花草纹图案，绕银线或者铝线，腰箍也缀绒球。饶曼支系的女子，可一生留长发，也戴黑布包头，斜襟短上衣，衣襟两边镶红布条与黑色上衣成鲜明对比，银珠做纽扣配上一排彩色绒线球是龙须。裙青色，稍短，织红色、白色、绿色三条波纹细线条，寓意水波的意思，裙侧一条暗红花带是龙骨，而衣裙上那些闪亮的小缀片是龙鳞。腰箍多为宽形，两侧裹螺旋形的银丝刻、鱼虫鸟兽等动物图案。

德昂族男女都喜欢佩戴银项圈、耳筒、耳坠、银手镯等首饰。红、黑、白是整个服饰的主色调，而彩色绒线球却是德昂族穿着的灵魂点缀。我们的衣着打扮在变迁中保留下一串串民族符号，这些符号连接着我们的族源记忆，以非文本方式记录下了一个时段的物质生活水平、社会风尚、审美情趣和价值观念，也隐隐折射出不同时期的政治文化背景。随着时代的前进，德昂族的穿着

也在前进，但从未改变黑色的成熟、性感、朴素，红色的活泼、奔放、热烈，白色的纯净、高贵、雅致，这三种颜色是德昂族服饰的基本色调，也是德昂族大山一样沉默、内敛和坚定的性格。

2009 年 4 月，瑞丽德昂族学会组织了一场德昂族十三个支系服饰展。那一次我们找齐了十三个支系的服装，感觉是一次服装汇集的历史，得以与往昔近在咫尺，也是旧与新之间变近变薄的一次机遇。在泼水节的前夜，被我们在记忆中好好保存下来。

瑞丽四月，早已踏入繁花盛开的景象，我们把十三套服装整整齐齐地穿上，踏着吉祥水花的节奏走上乡村舞台。那是十三个支系第一次集体亮相，台上台下尽是喜悦的欢声。虽然支系名称也有变更，让我理不清哪个旧称对应哪个新称，但这又有什么关系呢，这一切就是我心中那三个方言系里的十三支呀，我以我的方式记录下他们。

第一套是东麻支系，一款秋装，横织黑白水波条纹，深红色长筒裙，黑色外长袍，镶红边，缀以星片，腰摆饰小银泡，与黑色细篾腰箍搭配，红色的头饰与黑色长外袍相呼应，显尽山野间德昂族女子的洒脱与大方。第二套是勐几支系，银色头箍，缀着七彩虹的头披，黑色短上衣的前襟镶宽边红，并缀以展翅欲飞的银蝴蝶，腰缠藤篾腰箍，暗红水波纹筒裙，两个彩色绒线球轻快跳跃在腰间，是德昂族少女装。第三套是梁支系，在旧装的基础上改良的现代时装，适合舞台，一身简洁的水蓝缀以鲜艳夺目的绒线球和银片，就像一只蓝蝴蝶诉说着羽化的美丽，传统与现代

织布

相糅合，自然而然地透露出现代德昂族女性的自信。第四套是汝卖支系，还是黑与红的基调，传统的黑色短上衣，镶红色窄边，缀以绒线球、银饰，红色长裙，黑白两色横织宽线条。第五套是格杜支系，也是德昂族贵族仅存的一款服装，上衣是大V形领，一块布上下对折，然后剪出领口、双袖，有点像战士的盔甲，色彩绚丽，做工烦琐，盘盘结结的枝叶，重重复复的花朵，手缀以大量纹样、图案，采用绿色和红色、黄色的对比，一件上衣重十斤，

姑娘装

内裙橙红色，也织横波纹线，分前裙和后裙，要各系一次，与上衣一样华丽。还有银制的裙饰。帽子更复杂，先披尖头布，后戴银圈绕成的圆形帽，也是奇重。配有橙色缀蓝色绒球的护手，蓝色镶水钻的绑腿，一套衣服穿好需要半个小时，但真的具有高贵典雅的气质。第六套是广海支系，深蓝上衣，橙色宽边衣襟，衣襟上绣有白色清香的栀子花，前胸饰细银圈，黑细波纹裙裾，有点像月光下的青花瓷，这般色彩搭还是第一次见。第七套是绕静支系，温婉的蓝衣，浓烈的红裙，腰间亮闪闪的银腰箍，细碎的

银片温和地缀在衣前襟，相当明亮轻快，肯定是改良过的。第八套是汝果支系，清亮桃红上衣，红襟边，黑横条纹筒裙，银腰箍，红黄绿三色头披，缀彩虹流苏，这一款倒是基本保存了传统色调。第九套是恩诺支系，红色短上衣，镶细条绿襟边，缀叶形星片，下着橙黄与深黑两色相接筒裙，一圈藤篾腰箍随意挂在腰际。第十套是桃然支系，传统黑色短上衣，传统的红色水波纹筒裙围有白围裙，围裙上缀有红色亮片，腰际系着叮当作响的银泡，帽子是蓝底镶银圈，肩上着一条红、白、黄三色相间的披肩。第十一

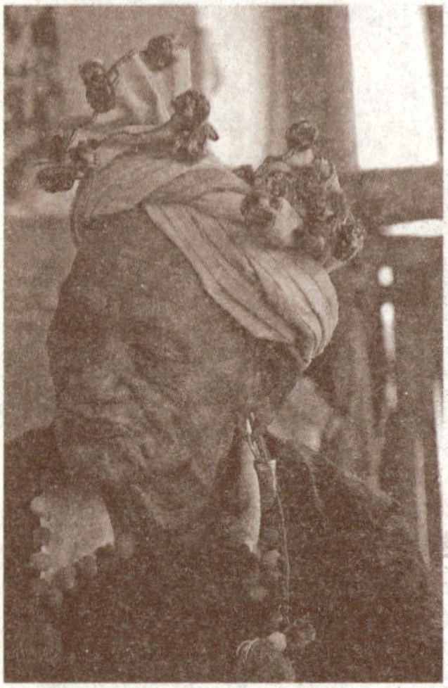

男子老年装

套是布雷支系，传统短上衣中缝和袖口的彩线据说是龙女的龙须，筒裙上的波纹条是龙宫的水波，帽檐上垂落的彩色流苏据说是太阳神父亲放落人间的彩虹，布雷支系仿佛才从远古走来。第十二套是棒宁支系，上衣浅色短且宽松，衣角缀细碎绒球花，前襟衣角垂两条布带，像云端两只黄鹂鸟落在黑色波纹裙裾上。第十三套是冷支系，这个支系像他的名字一样，又冷淡又简洁，传统黑衣，传统红裙，黑布包头，白色筒帕，黑、红、白三色腰箍，全部缀七彩绒球，这些绒球在一来一去的走动中跳跃得非常好看。

活动结束，我们一件一件把衣服折叠得整整齐齐，准备归还他们各自主人时，我想十三支全部拥有的愿望，差点把我逼疯了。这些服装大多数是从缅甸的各村寨中借来，一归还，再见不知何年何月何时，我竟生出永别的伤心。果真，这一别我再也没有和十三套服饰相遇的机会。

幸而我与格杜支系还有着几分薄缘，在阿舅家遇上了一个秀气的格杜姑娘，她

少女装

是舅家从缅甸请来的语言老师，负责教舅家几个孩子德昂文字。那天见她低头做衣裳，发现正是我穿过的那套德昂族的贵族服饰，我一下子如跃出水面的鱼儿，紧张得无法呼吸，一心只想我要买到这套衣服。

姑娘叫谷美，她做的是她的嫁衣。她爱上了一个从英国来缅甸旅行的男子，他们相爱，并约定了婚期。她在等他，用等他的时间做她的嫁衣。不能窥视谷美的嫁衣，我赶紧用冷水扑灭了我想拥有的愿望。但我忍不住下班就往舅家跑，我就想坐在谷美旁边看她绣花枝，缀亮片，剪绒线球，看她把布片一叶一叶地合上，

少年装

合成一套完美的嫁衣。她做这些的时候，我总觉得她的前世是一位公主，很贵气。其实谷美能讲一口很纯正的英式英语，她读英文小说，听英语广播，对德昂文字也有研究，只是中文不好。我与她交流时常需要她的学生来当翻译。后来，孩子们开学，谷美也回了缅甸，我们也没了联系。辗辗转转几年后，谷美又来了次阿舅家，那时我正好出远门不在瑞丽。回来才知道谷美是专程给我送那套衣裳来的，我不在，就托阿舅交给我。衣裳用一块方巾包裹着，打开只见叠得整整齐齐的，铅圈做的帽子放在最上面，帽窝里放着一封信，英文写的。找了个中学的英语老师帮忙翻译，大意是：这套嫁衣她不需要了，因为娶她的那个人不会来了，所

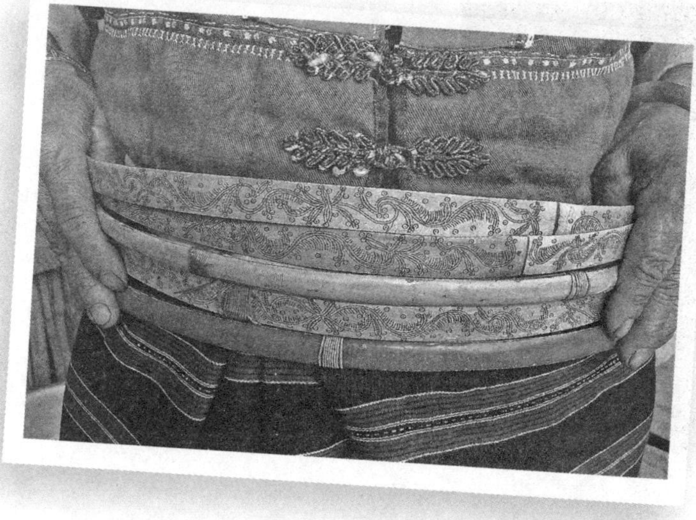

腰箍（二古城）

以她想把衣裳送给我。没有留给我地址，阿舅曾有她的电话也打不通了。阿舅也托人多方打听她的消息，一直没有联系上。

德昂族女子的一身嫁衣从纺织、染色、刺绣到缝制，满载着一个女子最美的青春和最好的希望。女子的嫁妆要做三套，一套父亲的，一套母亲的，然后才是自己的。从换上姑娘装开始，女孩子就要上山采蓝靛、茜草和马耳草来煮出青色、红色和黑色的染料，密封在陶罐中。然后采棉纺线织布，要织一匹衣布，一匹裙布，一匹帽子布，一匹筒帕布，一匹护手布，一匹绑腿布。就这样耗去一年又一年，直到遇见心爱的人，才开始渍染、剪裁、绣制、缝合，一针一线都是送给希望中的未来。

少女装

我不知道谷美遇上的是失约、背叛，还是爱的死亡，也不知她是不是会一生穿着自由华美的姑娘装。她留言的托付，是我不用猜测就可知的情感托付，我必将回以爱的呵护。我会在失眠的晚上，在深蓝色的天幕下，换上这套衣裳，推开窗户，呼吸幽蓝夜空的气息，那时那刻，穿过我胸膛的就是谷美的欢愉和苦痛。

我的一半来自母亲，是十三支系中的一分子，另一半来自父亲，是金沙江畔傈僳族人的另一分子，这就是不可分割的我。我想自如地走进十三支系，确立自己的身份。

我越想靠近族人，就被抽离得越远、越疼，生活的剥离阻隔不了精神的靠拢，最终，我被隐含的混血、不同故乡、不懂语言等等理由原谅了自己的放弃。但我从来不放弃与谷美的相互抵达，那是真正的精神并肩。这种相通温暖、幸福、美好，也使我勇敢，使我敢于面对自己混血的身份，无故乡的身份。

少女装

↑姑娘装

↓德昂族十二个支系的服装

母子

追光人

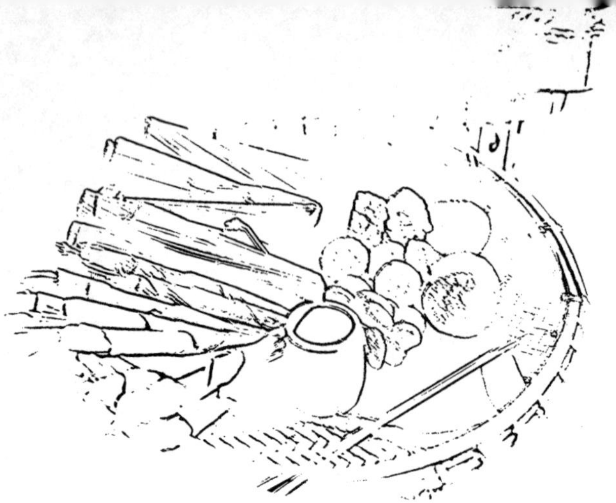

蛊 殇

1. 风吹坡·情盅

母亲撒手人寰，我一下子就老了。

这种老，无声无息，又让人惊慌失措。

这种老，让我莫名其妙地、无休止地思念一个陌生的地方。风吹坡，是我外婆养蛊放蛊的地方，也是我母亲出生的一个小山坡。

风吹坡向北，坡上长满了刺竹林，夏季的时候，坡箐两边的竹篷下遍地是高高矮矮身材不齐的小笋头，头顶上密密的竹枝遮蔽了天空，终年阴森森。沟壑里的溪水冬天清瘦，夏天丰盈。

坡后面就是木库山，山上有道断壁崖。崖高不见底，风过崖

顶时，会发出急促的尖啸声。如果你敢走到崖边的石头上坐一坐，风啸声会变成海浪拍打岸边的声音，我外婆说那是风顺着山谷不要命地吹出去，撞到坡对面牛角山上的牛角后被甩回来的哭声。风越哭，牛角就越烦，就一次次地用角把它勾回来，又摔出去。风声越大，越像一个人含着悲屈的哭泣声。断壁崖上的崖峭连猴子路过都会脚打战，很少有人上得去，我外婆是个例外，她养蛊的胡蔓子就长断壁崖上。

我外婆是一个放蛊高手，应该说是放情蛊的高手。在她的那个时代，她被人们爱着和恨着。但无论是爱她的人或者是恨她的，心里其实都是敬着她的。这份敬里有怕、有恨，也有帮忙解决了问题的感激，还有天意不可违的一种惧怕和无奈。

风吹坡上，最初出名的不是我外婆的情蛊，而是我外婆的风吹粑粑。

我外婆 16 岁那年，从另一座山嫁到风吹坡来，和她一起嫁过来的还有做风吹粑粑的手艺，我外公娶的不只是我外婆，还娶回了他后半生不劳作，闲着抽口大烟的安逸生活。我外公注定短命，上天把他收走，是为了让我外婆据有神力。

外婆长什么样子，已无从考证。根据我妈、我姨妈的长相推断，不难看出我外婆不仅长得漂亮，还长得玲珑和悍猛。在那个男人为天的时代，不悍猛，她怎么能支撑支离破碎的一个家。不玲珑，蛊虫又怎么会附耳听命。

我之所以说支离破碎，是我外公 28 岁那年就死了，不是死于

罂粟妖娆之美惑，而是死在一场水牛的角斗中。我们家唯一一条水牛被另一条水牛攻击，外公用身体去阻止，结果被挑在牛角上，穿破心脏而死，他留下五个孩子和我外婆。

我母亲她们兄妹五人，大姨在我的故事里没有名字，我母亲和我二姨母对她们大姐的讲述只有一句：大姐 18 岁出嫁了。这个纳赛李家大女儿，在我的故事里开始于 18 岁出嫁，结束于 18 岁出嫁。

老二是男生，我母亲和我二姨母提起他时，叫他大哥。大哥差不多 19 岁时，在去木库山脚下的水田背刚刚收割的稻子时，被路过的一支队伍抓了壮丁，从此再没下落。到底是支什么部队，我妈她们一直说不清楚。我猜测是滇军某部，然后战死沙场，这是我能给我这个大舅舅最好的结局。但也许他并没有死，只是我猜不出他活着却再也不曾出现的原因是什么。大舅在我的故事里，也没有名字，但我不想让他结束于下落不明，我总觉得有生之年，会有他的消息，无论好坏。我很天真，一个连名字都没有的亲人，他会为我天真地等待归来，真的。

据说我外婆得到大舅被抓的消息后，曾赶着牛车一路狂追，但由于岔路太多，不知选哪一条追才追得上，只好在路口号啕大哭。外婆失去的不只是一个儿子，主要是德昂族人家的长子。据我母亲零碎的讲述，自那之后，我外婆就患上了失心疯，自言自语不说，还会莫名其妙地做上一桌子菜饭，在空荡荡的饭桌招待看不见的客人。

祭祀品

老三就是我二舅，我外婆用我二姨给他换来了不是他的人生。他被换过的人生我不知道是怎么样的，二舅在我的故事里是个支离破碎的人物，时隐时现。

外婆生存的那个年代对我来说，又遥迢又陌生，她每天挑着两个巨大的篾箩下山去卖风吹粑粑。我们德昂族人的篾箩样式繁多，我外婆那对篾箩，盖白布的那只放着的是甜味的风吹粑粑，盖蓝布的那一只放的是咸味的风吹粑粑。风吹粑粑原来不叫风吹粑粑，叫米粑，是用德昂米制作的，用的是生长在半山半坝地带的德昂水稻和生长在高山之巅的德昂旱稻混合煮制。德昂米的特殊性在于，从撒种到收割，谷神就下到凡界一路相护，在经半山的雨水和半坝的阳光滋养，谷粒虽小，但饱满厚实，是做米粑最好的材料。用石臼春去谷壳，清水浸泡后掺拌，再春成米浆，煮稠，甜的加糖，咸的加盐，薄薄地摊在篾器上，再撒上黑苏子，晾干，取出放在篾箩里，盖上白布和蓝布就可以担上肩了。

后来，外婆走过的村庄爱吃米粑的人，就把这个风吹坡上下来的米粑叫作风吹粑粑。我外公虽受风吹粑粑的滋养，却福寿浅短。我外婆独自在那个太遥远的社会里带着五个儿女，把他们抚养长大，然后四散而去。从空间上来推算，我大姨也许是与外婆保有联系最多的人，但她夫家何处、生活怎样、儿女几个等等竟一个字的消息也不曾传给她流落在外的两个妹妹，就像这世上她来了一趟，就被走丢了一样。大舅一去杳无音信，我们还可以替他决定，他回不来了。那年双江有保安团驻扎，四处派兵役，我

二舅为躲兵役出逃他乡。多年后回到故里，却已染上了大烟瘾，据说还带回了一个瘦骨伶仃的缅甸的女子。二舅归家时，我母亲已经逃离风吹坡多年，而外婆也已经在孤独中死去多年。我无法准确地说出年份，因为母亲和二姨的讲述无比混乱。

二舅的外逃，造成了外婆被当时负责征兵的长官抓去问罪，她被绑在奘房前的酸角树下，酸角树细碎的叶子疏疏落满一地，夏日的阳光暴躁地晒在外婆身上。那位长官新娶的姨太太刚刚产下一个女孩，长官是湖南人，年过四十仍膝下无子，见又生了个女儿，便气火功心，新生小儿不知世事哭啼不止，闹得长官心烦意乱，便拂袖出了门。门外酸角树下，我外婆被绑了一夜，散开的长头发凌乱地铺在脸上，那时我母亲刚出生不久，我外婆鼓胀胀的乳汁洇湿了黑色短衣，乳汁的腥臊串出一股令人心烦意乱的气味。穿在脚上的沙贴也早不知去向，一双五指分散的大脚收藏在长筒裙下面，她气息奄奄。据说当时我外婆的模样相当楚楚可怜，在楚楚可怜之下又相当妩媚和动人。

但我外婆那天相当的不幸，那位长官长相慈眉善目，但骨头里流着相当不善的脊髓，人称笑面虎。那天正好心不畅，气不顺，他虽心情不滑溜，但他面目带笑地向我外婆问话，他问我外婆哪里来的胆子，敢偷偷放走两个儿子，逃避为国效力。当时我外婆听不懂汉话，而负责翻译的达吉岗，骑着他那头老水牛还在赶往镇上的路上。我惊恐不安的外婆，看到长官慈眉善目的问话，以为是向她问好，便咧开嘴向长官微笑，长官心下大怒，心想这些

刁蛮之民，竟敢无视本官收兵买将，阻碍本官争夺江山，一怒之下，将我外婆关进小镇唯一一座牢狱，这座牢狱是德昂族惩治偷情、通奸和未婚先孕者的水牢。

水牢引山水，依山势而建，形成高低三个蓄水池。水由上池向下池循环流淌，每池水深过人，受刑的人泡在过胸的水池中，要不停地向下池舀水，否则水会淹没人。这种水牢可同时惩治三个人，每池一个，第一个池向第二池舀水，第二个池向第三个池舀水。受刑的人泡在池中，一分一秒也不得闲，如果停下来，水马上就淹没池中人。在当时德昂族中这是相当残酷的刑罚了，最关键的是，受过这种酷刑的女子，将会一生得不到敬重，年老后也不可进奘房听经。

我瘦小的外婆泡在深水中，手不停地往池外舀水，曾有几秒钟，我外婆想到了死，她想停下手来，让水漫过头颅。她甚至想到，这池水将她泡成一个肿胀物体，轻轻地用手指一戳，浸进她身体的水便喷薄而出。也就在那时，一舀一舀往外泼出去的水拍打在下池的水面上，发出一声接一声的响。这响声让我外婆想起了还在襁褓中的我母亲，眼泪跟着水花哗啦啦地流了出来。

我外婆从早晨泡到黄昏，骑牛的达吉岗才醉醺醺地来到小镇，一看酸角树下没人，再看我外婆泡在水牢里。这达吉岗据说是个相当了得的人物，幼年就进入佛寺念经学佛，上过汉族人的学堂，与汉族人有生意往来，精通汉语。据说当时他透过水牢的竹笆栅栏，看见我外婆奋力舀水的可怜样，突然生出一种怜惜的疼痛。

达吉岗当即扭转牛头，吆喝着他那头老水牛去估酒买肉，他嫌那牛拖脚踏步的，狠着劲地挥鞭，那牛撒开蹄子奔，差点把他摔下牛背。据说那晚达吉岗与长官喝酒喝到了后半夜，喝酒的过程恐怕我这一辈子也不可能知道。但达吉岗在后半夜把我外婆从水牢里捞出直接带回了山寨。

第二天，达吉岗把年仅六岁的二姨送下山，给长官当了使唤丫头，带他新生的女儿。据说当时还写下了生死契，我二姨永不可以赎身。从那时起外婆身边只有大姨和我母亲拉英相伴。我外婆经过一夜惊吓，一夜浸泡，断了奶水，一双曾饱含洁白乳液的乳房像遭了寒霜的茄子，病恹恹地瘪了下去。我外婆的乳房从此就再也没有挺拔过，她一个人带着两个幼小的孩子耪田种地。我母亲含着我外婆干巴巴的奶头拼死命地啼哭，我母亲哭得相当顽强，风吹坡下的老老少少对我母亲的哭声相当惧怕，特别是达吉岗，我母亲一哭他就如坐针毡，也可能是心碎如泥。

我想象不出我外婆在家无男丁、无任何帮手的情形下，是如何穿梭在木库山那些森林寻找吃食活下来的。我外婆被达吉岗从镇上救回来后，我母亲日夜哭泣，被视为不祥之物附身，而这不祥之物是由我外婆从山下水牢里带回山寨的，被寨中众长老用黄果刺抽身，用红木树皮和苦藤叶烧烟熏我外婆，以驱鬼邪。

我外婆身上遍布黄果刺扎下的伤痕，再经烈烟的烘烤，仿佛无数的小火焰燃烧在伤口上，这些小火焰更像是一条条烙人的火虫，直往我外婆的骨缝里钻。据说对我外婆实施驱逐鬼邪是在寨

门外的荒竹林里，因为无人愿意替我外婆抱一下我母亲，我外婆只好扯下几片老笋壳垫在地上，把我母亲放在上面。慌乱中我外婆忘了抹去笋壳上的笋毛，我母亲嫩豆芽般娇柔的身子被笋毛蜇成肉疙瘩，我母亲拼命哭啼，而我外婆一声不哼。完成驱鬼仪式，我外婆竟眼不抬，手不抖，身不斜，步不歪，敏捷地抱起我母亲飞也似的回到我家的竹楼。

自此我外婆断绝了与人的往来，独自下地做活，独自上山砍柴，独自进谷担水，就连开门节和关门节我外婆也窝在我家破破烂烂的竹片房里不出门。而我母亲仍然是坚持不懈地日夜啼哭，我外婆慢慢也习惯了我母亲的哭丧声，我母亲的幼儿时期恐怕就是以这样骇人的声音存在的。

这种日子我不知道我外婆过了多久。突然有一天，天上雷声轰鸣，大雨将倾盆而至，我外婆跑出门去收晒在院子竹篱笆上的筒裙，一个炸雷爆响一声，不偏不离正好在我外婆头顶炸开，我外婆被一道强劲的电波击倒在地，倒在地上昏迷不醒，到风停雨住方才醒来。

在那个遥远的年代，我外婆因为一个雷就神奇地获得了知前生识后世，眼可观八方，耳可听九乡的特异功能，这种功能立马改变了我外婆的命运和地位。继后，我外婆成为木库一带知名的蛊婆，前来求医找药、打卦看相、问前问后的人络绎不绝。据说我外婆拥有最神奇的力量，是能够解惑苦苦痴爱又得不到对方回应的爱情。也就是说，在当年，我外婆被能成全世间爱情的神秘

祭祀的纸幡

力量附上了神秘的光环，这光环既照耀人，又灼伤人。当然关于灼伤，在当时我外婆是万万不曾想到的。这些神秘的力量帮助我外婆成功地获得族人的尊敬，尽管这些尊敬里带着畏惧和稍稍的隐蔽很深的厌恶。同时，这些神秘力量带来丰厚的回报，吃饱喝足之后，我母亲渐渐失去哭的兴趣。

我外婆的神坛就设在我家二楼火塘边，据说上我家老房子二楼那架梯子与我外婆灵性相通，两根麻栗树和几支丫杈杈穿斗起来，看上去完全承担不起任何重量，哪怕一只蚊子都可以压断向上的梯板，但那把木梯从来没有断过。无论任何人，只要光着脚板触接梯板，我外婆在楼上便可叫出来人的名字，楼下的人，听到我外婆的叫声，听准了是叫自己的名字，才会弯下腰抬上随手带来，早已经摆放在篾盘里的米花、芭蕉和水拾级而上。

木梯之下是人的世界，木梯之上有鬼静候着聆听人的愿望。我外婆肩负着寻找人们祈求的答案。

数十年之后，我外婆已经离去，我母亲孤苦伶仃地与父亲生活，少有娘家亲人往来，我以为她怪外婆没有以母亲的胸怀容纳我母亲的青春花期，也没有以外婆的慈祥迎接我来到这个人的世界。我经历了和我外婆、我母亲完全不同的人生，才明白人的内心不仅需要一个高高在上的神，更需要一个隐蔽在幽暗低处的鬼。

据说我外公留下的那间破破烂烂、歪歪斜斜、竹篾笆做墙、山茅草盖顶的老房子自我外公死后就向左倾斜了，眼瞅着分分钟

就会轰然倒塌，却是一直撑到木库解放，直到一群带着红五角星的大军开进寨门之后才以慢镜头似的速度，像个患了肺气肿的老人，喘着只进不出的气息，咳咳咳发出几声残缺的哀叹，然后缓缓倒下。

据说我枯叶一样凋败的外婆，在老房子像风吹蒲公英般摇曳的那一瞬，她像朵蒲公英的一瓣绒线，从二楼飘下来，落下来的过程据说姿势相当轻柔，左手抱着她青灰色的蛊罐，右手提着她的筒裙边，稳稳落在我家开满青菜花的地里。我大姨则是披着一身草屑和陈年堆下的积尘从竹篱笆缝里钻出来的。

在德昂族居住地蛊不叫蛊，叫格恼，翻译成汉语就叫鬼或者蛊。我外婆的蛊罐里养的不是蜈蚣、蛤蟆、毒虫，而是植物，有草，有藤，有苔藓，有蕨类，有花蕊，具体植物名叫什么，随着我母亲的亡故，已经成为亘古的谜。

我外婆的蛊，不是随意想放给谁就放给谁，是必须有人求蛊，问过蛊神，我外婆放出她的蛊，才会有人中蛊。我外婆从不向陌生人放蛊，也不涉及钱财，像石头蛊、篾片蛊，放在路边等着路人中的蛊，我外婆是很不屑。外婆的蛊，是情蛊，专为痴男怨女放。

比如吹收心水让负心人喝下，负心人就会肝肠疼断，疼得苦苦求饶，求得解脱后便改邪归正。外婆到底有多少治负心人的手段，我现在无从得知了，仅有的几个据说还是二姨没有中风前告诉我的。我很想系统记录下来，可我从来得不到系统的信息。

二姨说得最多的其实是某一个时间段里外婆的苦果，呼风唤雨的外婆再也不是人们心中那个蛊仙了，人们用撵琵琶鬼的法子治她。那些被她施过惩治蛊的负心人，突然就有了报仇雪恨的时机，他们还是砍来秋天的黄果刺，铺在大队部的平地上，黄果刺的学名叫黄果茄，是一种草本植物，但长得像树，多刺，伏卧在荒地的荒草丛里。他们甩着打谷子的甩棍，把外婆往黄果刺上赶，大根大根尖利又坚硬的刺戳进外婆赤裸的脚板心，外婆双脚不断地跳起来逃避尖刺，又不得不一次次落下来，后来外婆倒在黄果刺丛中，全身布满了细小的伤口，有的刺深深地扎进肌肉里，再也拔不出，和外婆一起埋进泥土，直到外婆化成泥，它们才从泥堆里现出它们尖尖的面容。

外婆躺在厚厚的刺上，不再挣扎，身上像是被无数只蚂蟥噬咬，血从细碎的肉口子汩汩流出，耳边是她熟知他们秘密的人们，用别人的语言喊着那个时代标配的口号，仿佛每个人都喊着：看，你到底有多大能耐呀。她仰望着蓝天，默默念着无人能懂的口咒止疼，也止不断滋生的绝望。

外婆慌乱地沉默着，她用施蛊的手指捏着一根刺，并用指尖反复触摸无言愤怒着的刺尖，她念蛊咒的嘴巴从来没有发出一声求救。人群中，一个男子低垂着头，他趁着乱，偷偷地用甩棍扒开外婆身下的黄果刺枝，外婆曾用七枝黄果刺根、七枝马鞭草根、七枝灯笼草根和七段咒语治好了他肿大的睾丸，使他两腿间轻松下来，又健步如飞地上山打猎，下河捉鱼。其他的人们相互交换

着眼色，脸上现出痛心的、害怕的、失望的表情。只到夕阳的余晖流泄在外婆静止的身体上，空气中散发着微微的血腥味，呛得人们用手袖捂上鼻子，掩面散去。

外婆并没有在大队部院子的黄果刺堆上死去，当夜色现出黑暗的光华，在一种奇妙的色泽中，白天批斗她的人们，那些痛苦的、害怕的和绝望的人又陆续返回来，将她抬回她孤独的竹楼。

2. 冷水沟 · 弃窑

我母亲有个很好听的名字：静惠。我相信名字与人是有着某种神秘联系的，也有着某种说不明道不清的悖论。母亲年轻时并不安静，但很娴惠，在这里用这个娴而不是那个贤。只是静惠不是她的真名，她应该叫拉应或者拉英，这个名字我只听二姨提过一次，因为不确定我且当是叫拉英吧。母亲的一生忽略了拉英，映照了静惠，也就是说她隐藏了拉英，却隐藏不住拉英的黑皮肤、深凹眼睛和浸浊在血液里的不安分，她用拉英的生命度过了静惠的身份。

我爱我母亲，这是她死后，我才感觉到的。她一死，我突然就老了。

据说母亲是被我外婆逐出家门的，还立下永不许回家门的死咒。我母亲离家时十六七岁的样子，她离开人世时刚刚六十九岁，

这样算来该有五十年光阴未曾踏过回家的路。我外婆叫什么名字我一直不知道，我母亲从来不在我面前提起她的母亲，和我们一家唯一有来往的二姨也绝口不提我外婆和远在临沧的我们的老家——风吹坡。

我母亲和我二姨就出生在那个叫风吹坡的小山坡，那是一片面向村庄、背靠木库山、倾斜向西边的坡地，常年有劲风吹来吹去，据说蚊子在那里都立不住脚，树叶都长得脸面向西。如果在我家屋后的树林里吹葫芦丝，是要跑到山脚下才听得出是什么调子。

我母亲与我外婆的决裂与爱情有关。据说我母亲很漂亮，仿若是一朵挂在篱笆上的丝瓜花，人们光赏不摘，当等她落下花蒂结成瓜条长出瓤，然后再等着她老成洗碗刷，因为她是蛊婆的女儿，生来带着蛊魅，任何一家的男子都不串蛊婆人家的女儿。

那时候居住在山间的母亲肯定很寂寞，情窦初开少女的身体肯定有太多的饱满，这些饱满鼓囊囊地崩裂出来，又活生生地弹砸回母亲的胸膛。可是外婆不懂女儿的寂寞，外婆沉醉在呼风唤雨的神秘中。那一年，母亲与驻扎在山下小镇的一个河南籍兵痞子相爱了。母亲夜夜趁因唱经念咒作法使怪而精疲力尽的外婆熟睡后跑下山去与兵痞子约会，这个头发微卷、皮肤黝黑、眼睛炯亮、全身灌满青春汁浆的少数民族小女子，到底是如何用德昂语与河南籍汉人兵痞子谈情说爱的，这个问题被母亲永远地带进了天堂或者地狱，我永远找不到答案了。

祭祀的纸幡

当母亲的爱情度化成腹中的一个小生命时，兵痞子也在一夜之间跟着部队开拔了，留下空荡荡的一座兵营让母亲叫天天不应、叫地地不灵。那一年据说在战乱中遇上了西南地区最大的一次饥荒，大旱，颗粒无收，旱后大涝，天如漏雨不住，陈年的山泥被雨冲下坝，人们因为饥饿没有力气过问爱情，我外婆因此前所未有地闲了下来，闲下来的外婆把能刺穿岩壁般情感的毒眼睛转移到我母亲身上。那个时候她才发现臀肥乳高的小女儿已经怀孕6个月了，筒裙和短夹衣完全遮蔽不了她鼓囊囊的肚子。外婆用德昂弯刀般的两道尖勾勾眼神，死死盯着我母亲——她的小女儿拉英姑娘。

外婆能让有情人相亲相爱，也能让他们反目成仇。外婆下定决心要对祸害她的小女儿的男人施绝情蛊。只可惜，那时候兵痞子已经消失不见了。

那个时候，大舅杳无音信，二舅躲在外，二姨已成丫鬟，外婆身边只有大姨和我母亲。外婆和大姨在风吹坡消失了几天，她们背着砍刀进了木库山。几天之后她们返回，收拾了一背箩粮食，把我母亲送进了山。这一去，去了很久，久到风吹坡的人都快忘了拉英这个人。外婆把我母亲送入深山，住在悬崖下一个竹棚子里，我母亲一个人孤苦伶仃地在那里待产，只有大姨隔段时间送点吃的进去。我母亲一个人是怎么生产的、孩子去了哪里等等的问题二姨一概不知道，而我母亲从来不曾提起半个字。

后来我母亲独立一人从山里回到风吹坡，外婆把落满尘灰的

卖风吹粑粑的担子交给了我母亲。我母亲每天担着两箩风吹粑粑走外婆走过的那些路，方圆几十里之内的村寨都跟着外婆默认了我母亲就是情蛊的传人。我母亲是情蛊传人的消息一传十，十传百，很快就有人来娶走了我大姨，那一年她十八岁，她的一切在我的故事里戛然而止。

木库山下是个火热的世界，这世界已经发生了巨大变化，这种变化对每天进山采药的外婆来说是无知无觉的，可这种变化给足了我母亲超凡的勇气，她就离家出走了。她走的那天，外婆割来黄果刺枝垫在竹门槛上，叶片上立着密密麻麻的刺针，外婆让我母亲光着脚丫踏着黄果刺走出去。

那个胸膛里充溢着万千傲气的拉英，那时她还是拉英，还不是我母亲，眼睛都不眨一下就跨上门槛，双脚稳稳地落在门槛上，还站在上面闪了闪腰身，然后回头投给我外婆深深的一瞥，那一眼里肯定只有出逃的胜利。母亲拖着血淋淋的双脚走出了家门，从此一生再不曾踏过回家的路。距她被癌细胞折磨得只剩最后一口气，喊出的那一声妈时，整整隔着五十多年的时光。

她原本是木库山中万物节律养育的女儿，是勾藤、断肠草、白蘘荷、胡蔓草、双生草的女儿，是人人敬畏情蛊师的女儿，她生来就是要来掌管方方圆圆之中人们未来欢爱的人，她的存在就是为了帮人们实现占有所爱慕的异性。但是拉英选择了逃跑，她用与外婆决裂的代价换来做一个黯然无色的平常女子。

我母亲为什么嫁给我父亲，也一直是我好奇的问题。父亲比

母亲年长十岁，在当时是老大难那一类。他是一路跟着挖工路大军从中甸来到双江的，当时正在建黑江大桥，有人把我母亲介绍给我父亲，他们就这样在一起了。那个时候的婚姻，能够牵扯到爱情的并不多，母亲与父亲也一样。母亲那时候需要一个家，父亲正需要一个妻子，所以就有了我们家。

被军官带走的二姨，跟着军官一家落脚在保山，她在那里遇见了爱情，她爱上了军官的副官。军官全家在逃往台湾时，是给二姨留了一个座位的，但副官选择了起义投诚，二姨就与副官一起留了下来。后来，他们生活在距保山不远的一座小城里，起初副官作为起义人员被善待，还在小城的公安局工作。在外婆被第二次摔上黄果刺堆的同时，副官也被打成“狗特务”和“反动派”。二姨家被断了粮，副官为了省一口吃的给二姨和孩子，最后死于饥饿。我最想写写这位副官，可是二姨从不提他，如同母亲从来不提外婆。

倒是有次清明节，居住在小城的表哥表姐们带我去为副官上过一次坟。表哥表姐是二姨在副官死后另嫁所生，二姨带着副官留下的一子。姨父原有四个孩子，他们结合后又生了四个孩子，二姨就成了九个孩子的母亲。命运在这个小女子身上附加了许多苦难，二姨才是风吹坡上那一株迎风长的苦苦草，苦苦草的学名叫蒲公英，飞到哪就在哪落地生根，开花结籽，然后再飞，一脉苦汁护着蒲公英开花结絮，护着她飞扑天涯。副官那座坟只是一个土堆，没有墓碑。关于副官一直没有后话，我与二姨见面少，

朝拜[redacted]

就算见面也不敢轻易开口问，怕触碰到二姨心里的伤。

二姨千辛万苦地找到我母亲，纳赛寨李家，一家六口人，四散而去，除了我母亲和二姨，其他就一生再不曾谋面，只有她们两个在我的故事里有始有终。二姨曾有过二舅的消息，那时山高路远，得到的消息常常是隔了多年的，寻来寻去终是杳无音信。我母亲和二姨就像两只断线的风筝，各自飘在一方天空，她们的有生之年再也没有回过她们的风吹坡。

母亲是消极的，她挂在嘴边的一句常用语是：沟边死，沟边埋；路边死，路边埋。沟是冷水沟，路是黄泉路。母亲从来没有真正地离开过外婆，她曾让我记下路边遇见的草，山中采过的药，

说这些植物的时候，她会这样说：“我妈说，双生树上的双生草就是使人相爱的灵药，药引子必须是七月七下半夜月光下的咒语。”她会说：“我妈从来不养蛊虫，我妈其实应该是个草药医生，她会治病。”她年纪越大，外婆就越在她的话里话外，她放下的五十多年的家，突然之间就成了她魂梦牵萦之地。

3. 黑风垭·问蛊

我的出生非常蹊跷，对于这个人世，我的到来隐含不可告人的秘密和暗语。我作为一颗种子来到母亲的子宫，刚刚萌芽，母亲便对我痛下杀手，仿佛我是灾难源，唯有杀死我，才有太平一般。但我肯定不是我母亲生在深山的那个孩子，在后来的岁月里，母亲也从来没有告诉过我，为什么不想要我。有好多次，我想问问这个问题，最后还是没有问出口，我其实是害怕有答案的。

我经常在深夜打开浴室的暖灯照镜子，镜子里的我每一天都跟昨天不同，只是我永远看不出来哪里不同。我只是在镜子中，一次次看到与母亲相同皮肤下涌出的褶皱，我并不想老得像母亲。岁月留下的都是找不到证据的痕迹。在这世间，母亲是外婆的异乡人，我是母亲的异乡人，我们相互寻找，然后又相互背离。

所有说过的生死相依的蜜语甜言最终会成为一场梦，闪着碎裂的光芒，照着的是岁月蹉跎的某个过去时。我生在情蛊消失的

时代，痛生生地经历了一场脱胎换骨的婚姻。在我粉身碎骨前一秒，母亲来了。母亲选了一个月光皎洁的夜晚，用一缕头发勾摄出轨的灵魂。她躲在月光下面楼房的阴影里念咒语：喔哦喔哦，走错路的魂呀，快快游回来，有人给你串起了七彩珠，有人给你打制了闪光的银烟盒，有人给你缝好了漂亮的衣服，趁天上的流河睡着了，趁大地下的泥沙睡着，快快回来，回到你的眠床上。母亲如此连呼七个夜晚，她以为那个被勾摄而去的魂，听到她的咒语就会归来。

母亲为我违反了她在外婆面前发下的毒誓。几十年她刻意要忘记的咒语，早就不听她的指挥了。两骨相换才是人间的两不相欠，我一个人舍骨，就必得我一个人背疼。母亲把她能记的蛊法都使了一遍，无奈蛊也是念情分的，母亲与蛊早断了缘分。

母亲恨外婆，是因为外婆是一个蛊婆；母亲与外婆决裂，是因为她不想成为蛊婆。在我的记忆里，母亲从不提外婆，也从不提她的过去。在某个时间段里，母亲怕提到外婆，怕被外婆连累，可她不知道血脉与骨肉是没办法决裂的。

她在无眠的黑夜里想念她母亲，我的外婆，她在絮絮叨叨的讲述中透露过用一根施过咒的发丝会发生什么样的威力，但她却说她没有那段咒语。而我母亲记得所有的蛊术，却没有蛊咒。外婆更多的时间，是进山采药，她制的蛊，是药。

我的婴儿时期，与我母亲一样终日啼哭。我母亲推断，我中了蛊，让父亲在黑夜里将我抱出去遇救我的人。父亲在出巴迪村

的路上，抱着我过黑风垭口，我的哭声就在那戛然而止。父亲跪拜了那个叫布口袋的黑风垭口，并将我过继给了垭口，这个垭口是我另一个父亲，这位父亲让我继承了他的名字，是我的生命之神，只要他一声令下我就动员全身所有细胞抵抗哭泣。

我从来都相信，只要与陌生的外婆合作，就可以抵达生命神秘的秘境。那些可以制成蛊药的植物，是心灵的外部器官，只有咒语是心灵本质的歌谣，与生命形成了合作契约，所以水里的游鱼听命于咒语，情投意合的缘分听命于咒语。

《古蛊经》记载：巫蛊中有一种情蛊。此蛊是花蛊的一种，要以九十九个负心人的血肉培植，三月开花，极其艳丽。此时如以养蛊人的心血相触，即成情蛊。中蛊者不得思情欲，否则心痛难忍，每思一次，心痛更甚，九十九日后，心痛至死。放蛊者必是个用情至深的人，同时要以命饲蛊，能成世间罕见的情蛊。中蛊者会失去意识，臣服于放蛊之人。如果用这个解释去理解外婆，达吉冈必是中过外婆情蛊的人。

但没有任何一个解释可以解释我母亲，我母亲并不爱我父亲。我甚至觉得在我童年的某一个时段，母亲有几次几乎要离开我父亲的迹象，可母亲又完全不声不响地陪伴着父亲，直到父亲离开。父亲走后，母亲独自住在姐相，拒绝搬来城中与我同住，每次拒绝的理由都是怕搬走后父亲魂魄找不到回来的路。那段时间，蛇爬过竹篱是父亲回来了，鸟落在院前树上是父亲回来了，虫飞进屋里的灯下是父亲回来了，母亲仿佛全心全意只有父亲隔世魂魄

可以爱着，这也许就是二姨说的死后的爱情。

二姨说我母亲最像外婆，样子长得像，性格像，就连情感上死守的方式也像。说这话时，二姨是在没有任何语境的情况下说的，没有前因，更没有后果，莫名其妙一句了之。她这一句话同时给我留下了两个秘密，一个外婆的，一个我母亲的，两个永远没有谜底的秘密。

二姨也有秘密，二姨的秘密连着我的秘密。不得不说，人的一生牵扯着许多秘密，生的秘密，爱的秘密。总有一天，我们在这些秘密中会自己都不认识自己了，也会在迷茫之后清醒过来，会记得生命中来过的与爱过的。

我总以为外婆是因爱得蛊，外婆用一蛊之技守护她的爱情，当她守不到爱的到来，就折叠起她生命的寿辰，去守护因爱而求的世人。而我母亲是因爱失蛊，母亲背负着蛊女之名，在花朵一样的年纪里也只有孤芳自赏。继而遇人不淑，继而又痛失孩子，种种的不幸都与外婆的蛊名有关，所以她逃了，逃得远远的，但她终是逃不过命中注定。母亲在不经意间，把她知道的蛊药又秘密地传给了我，走到山间，我莫名地就会知道那些植物的秘密。

外婆带走了纳赛寨所有的蛊惑，上天让我失去了这神秘的力量，生命的去来把二姨和母亲带走，注定也要让我失去另一份支撑的力量。也许此时此刻，外婆就在天边看着我，看着我内心堆放着永远解不开的疑惑。外婆看得见从她手中消失的蛊，却把惑永远留给我。

我没能把这个故事讲好，时代的藩篱设下了无法跨越的沟壑，我无法与过去的世界维持互动的关系，母亲和二姨的死亡令我悲伤，她们是无穷无尽爱的所在。外婆留下的蛊说，虽然不是遗世独立的解脱，但它使我的心拥有完美的狂喜，让我找到通往骨肉血脉的路径。

外婆是这个故事的针眼，二姨是那根穿过针眼的线，母亲是外婆和二姨绣出来的花朵。外婆的蛊是药，医治这世上所有的被负情所伤的病，这种病俗称情痴。外婆的药不是爱药，也不是相好药，是治情痴的药。她的药不入口，只由眼入心，由心通经脉和骨髓，凡是她的病人都可痊愈而返。她唯一医不了的是我母亲，我母亲在情感里病了一生。

我在这个故事里隐匿了一些秘密，这些秘密我想带着入土。我与母亲和二姨一样，回不了祖灵之地，也进不了族里的柴房。我要借我的死把这个秘密粉碎得烟消云散。只有这样，二姨的来生也许会更圆满，母亲的来生就不会再与儿女失散。

蛛蛛结网，蚂蚁紧靠大地，每个人，与世界都有着清晰又神秘的关系。

祭祀的纸幡

德昂的门

神

滴答的雨声敲醒了白昼的大门，微光从窗户透进来。

这是九月的光和九月的雨，雨水吻遍草叶和花蕊。八月滑过草丛的那条蛇，已经没了踪迹。我站在晨光初现的老核桃树下，想起母亲说：“如果在八月的傍晚有蛇入门，那一定是故去的人归来。”我不明白一个故去的人，是如何化成蛇形，又是怎么找到搬迁数次的家门呢。母亲又说：“人无论生前还是死后，都有神陪伴，生时神跟在你身后，护佑你，死后神就走在你前面，指引你。”在过去数十年的光阴里，母亲的话一直在耳边回响，而我从出生就与父母相伴生活，他们的种种行为方式，早在我心中输入了有神、

有鬼、有佛的观念。

人心是永远怀着恩怨的，如同我有过倾城的悲戚，也有过莫名的欢喜。古老的山石与草木在风吹雨打中和蔼相依，自然界中的万物都有灵，山的神、水的神、树的神、日月的神与人类共存了几千年。万物的神皆是德昂族的神，德昂族的村寨多在山谷，远离城镇，静悄悄通往山寨的小路上有路神，道路两旁金色的稻穗属于谷神，人置身在万物之中，被万物之神眷顾和陪伴。

晨光明亮之时，两只鸟儿从核桃树上飞走了，它们的神是凤凰，凤凰是隐身神，用画像指引百鸟。上古时代，凤凰来过人间。德昂族有百鸟图记录凤凰来过的踪迹，第一个画百鸟图的可能是我们的族长、祭司、蛊婆，也可能是博学多才的王子，在流离颠沛的迁徙过程中，为了保存下百鸟图，人们把百鸟图纹在族中最有威望的祭司背上，一代代相传下来。世界不断地变化，会让口口相传的剧情充满变数而改结局，更可怕的是这种变化有消融一切的力量。百鸟图和水龙纹已经被时间消灭了，如同消失殆尽的祭司和巫师，他们被时代和时间抛弃。

门前的核桃树引不来凤凰，我握着一杯滚烫的咖啡，雨后的阳光有着新鲜的香味，这样惬意的心境，不知道母亲是否有过。母亲一生尊神却从不寻问神在何方，敬鬼却从不问鬼从何处来，鬼神在心的她仍旧坦然拜佛。母亲从不称亡魂为鬼，她说那叫故人。八月入门的蛇是故人，只有蛇可以带故人回人世，所以很早很早以前德昂族就有立蛇门和祭蛇树的习俗。

不知道我的祖先到底是从哪里迁徙而来，也不知哪个族群是我名正言顺的祖先。但这有什么重要的呢，人本来就找不到来处，也无须问去处，人如山野之间的一株草，生生灭灭。追问的事就交给学者，我只要拥有来自神秘感应的想象。这种神秘感应也许是母亲赋予我的，我一直相信这样的神秘感应通向某位酒醉的祖

先，他常常跳入我脑海醉醺醺地对我说：“孩子，没关系，你们不知道我的过去。”是的，我不知道祖先们的过去，被写在纸上的，被口口传诵的之外，还有许多被遗忘的故事，遗忘的就是不可寻回的。我与这些故事隔着百年或者千年，千年前的祖先们有酒喝吗？

无论站在哪一座龙阳塔下，我都固执地认为塔上的那条青龙明明就是蛇首龙身，为什么一条蛇会长出龙鳞片呢？每每这个念头起，我四周的灯就一盏接一盏熄灭了。黑暗和无尽的孤独就落进我安放心灵的世界，我必须诚实地告诉自己，我看见的就是一条蛇呀，一条蛇。就算我一直找不到祖先与蛇的神秘关系，塔上的，仍然是一条蛇。这样坚持，不知道我的族人们，会不会朝我扔臭鸡蛋。

我的母亲就视蛇为神，有一次我们建在江边芦苇草丛中的油毛毡房的家里来了一条黑蛇，它从竹篱笆门的缝隙爬了进来，缓慢地在屋里转悠，迷路了的样子。我被吓得惊叫的声音，加速了它迷乱地转圈。母亲提米袋，向门口围出一条米路，蛇慢悠悠地顺着米路出门而去。母亲说："那是死去多年的外婆来看她。"这件事在我心里搁了许久许久，我一直想知道母亲和蛇是如何达成相认的默契。

今年八月，我刚搬进的山中新居也来了一条黑蛇，看见它时正是黄昏，我惊慌失措，急忙跑进屋找米缸，可是缸里没有一粒米。心底里突然冒出，这条蛇是个善良的恶灵，这念头一起，随之我吐出了一句："把他打死吧。"来串门的朱先生说："不，不。"我们来来回回地跑动着寻找指引它出门的工具，最后用一把铁铲把它送出了门。当夜，我梦见父亲穿着一件黑衣裳，用宽大的衣袖蒙着脸跟我说话。四周静静的，父亲低低的声音把门窗震得摇摇晃晃，窗帘也胡乱地飘起来。我无法接受父亲变成了一条蛇，

并以蛇的形态来看我，我宁愿这条蛇是母亲。

母亲从小为我构筑了一个虚实参半的神鬼世界，虚是实的看不见，实是虚的假面具。在我心里鬼是鬼，也是神；神是神，也是鬼。某年的一个文学活动现场，主持人问了我一些关于我诗歌出现的问题，我回答：人心里一直住着个鬼。这被在场的某位著名文学人当场喷击，我当时回答不了她的喷击，却也没有为在这样的场所哑口而尴尬，我以沉默的微笑回答那位名家，主持人也恰到好处地帮我解了围。恐怕就算到今天，我也相信我心里住着一个善恶相交的鬼，这个鬼有时也是我的神，有这种感应是我之

二古城做奘

南算水鼓

幸，在我这里人鬼神不是对立的，他们从来就是如影随形地和谐共存。

母亲口中没有恶鬼，只有变得不善良了的鬼。母亲思维里的鬼也不是人死后变成的鬼，而是万物本身具有的灵魂。凡遇不善良了的鬼，母亲就会用茶豆煮鸡蛋来相送，母亲也从来不说撵鬼，她说送。母亲送鬼的仪式有好多种，有深夜撒米，有金竹叶洒水，有桃树枝扫地，然后将扫过地的树枝立在门边。只有不善良了的鬼出没，才会用茶豆煮鸡蛋送到蛇树下这个祭祀，而蛇树是母亲在僻静地带找的一棵红木树，就是树皮上有会戳人的小绒毛的那

种。红木树会开一种细碎小白花，也许是戳人小绒木赋予树神性，母亲才选它做了我们的蛇树，将不善良了的鬼送给它收纳。

据说几千年之前，西亚两河流域苏美尔人认为蛇是创世之神，也有遗址发现古老的泥板上绘有一条衔住自己尾巴、身体围成圆环的大蛇。苏美尔人认为这条巨蛇是创世者的仆从，蛇头衔蛇尾的造型，象征着世界万物周而复始。古埃及人也认为蛇类是冥界的守卫者，埃及神话中，蛇神赛托也是将世界缠绕起来的形象，蛇是埃及神话里出现最多的动物形象之一。古滇文化中的蛇更丰富多彩，蛇形青铜器的发现，说明了古滇人的思想观中蛇神崇拜是不可缺的。我相信，蛇与我们也有着神圣的关系。

就像选择蛇树一样，母亲仿佛与生俱来就有自己挑选自己的神的本能。我以为我也是，我选光做我的神，我所有沉默的祷告都向着光。光起源于万物，万物也就成了我的神。在微物原子世界的中心，太阳千万年的光与热，照拂着宇宙万物和人间，给予人类光、风、水、空气、雨水、沙漠、食物、广袤土地以及富于创造的心灵和至高的信仰，这些足够我在冷漠中获得温暖，悲苦中获得安然，理想中获得纯洁。这些满当当的获得，为我每次遇到的无路而退提供了退路。

树

有一次在飞机上，透过舷窗，看见一朵朵云带着他们的千军万马迎过来，不为飞机侧身，也不躲避飞机的翅膀。低头只见大地像藏在远古时期的水底，山岭、江河、道路和绿色的森林，摇晃地透明着，像是虚构为非虚构举行的一场祭祀礼，而我始终是这两个构筑上的陌生人。

德昂族最初拥有的树应该是南方丛林中的楠木、柚木、花梨木、栗木、盐肤木以及众多的杂树，当然也包含那些消失的物种。菩提树是与奘房同时期进入村寨的，佛祖释迦牟尼在菩提树下修成正果之后，菩提树在南传上座部佛教中就是神圣的信仰之树，随佛音而来。母亲说他们家族那支人称菩提树为龙树，龙树翻译成汉语就是圣树之意。有奘房的地方必有菩提树，春天四周的田垄上，青禾抽着枝叶，而赋有非凡绝伦双翼的白鹭在菩提树上飞飞落落，有种穿越轮回之门，通向未知历程的恍惚。菩提树在我幼年的心灵植下不朽与完美的宗教意识，而我在懵懂的追寻中遇到了爱，也就更加愿意去实践完美，这个神眷的过程帮助我完成来此一生的圆满与渴望。

榕树，我们当地人叫大青树，村寨中、路旁和奘房四周都会有大青树。德昂族敬大青树，因为大青树上住着神也住着鬼，既通神又通灵。内心深处默认，大青树是我永生灵魂的栖居地。如果说菩提树是我心中的《薄伽梵歌》，那么大青树就是《奥义

书》，存在于生命中的无上神灵。说到底，我还是寻根思想的遗民，宁死守着古老茶农的名分，以填补没有机会亲历繁荣历史的遗憾。偏执地固守就是族感越来越薄弱的宿命，我偏偏迎面撞上岁月易逝，想及外婆、母亲、姨妈和舅舅们，我忽然就变成了他们陌生的亲人。这种遭遇和心情，如同午夜的雷雨，有着非虚构的饱满记忆。

有的村寨会把长在寨子中的某一棵大青树立为寨心树，这棵大青树也不一定是在寨子的中心地带，但寨心树一定是高大挺拔、

枝繁叶茂、四季常青的。一旦选定这个寨子的寨心树，它就是这寨子的中心世界，人们以此为中心建房盖屋，祭祀朝拜，同时赋予这棵寨心树超自然的神的力量，让它保护村庄里的一切。而那些远离村寨、独木成林的古老大青树就会被村民选成各家的蛇树，也就是鬼树。在盘根错节的树身上缠白线，供奉芭蕉和米饭团，给那些被人们从患疾的人身上撵出来的鬼。这些蛇树丛林骇人又阴森，带着未知的神秘和某种没来由的慰藉。

不过，这样的景象只是存在在记忆之中了，如今独木成林已经是故乡著名的风景旅游点。人类自古就习惯寄情于大自然的一草一木，那些我曾经以为栖身在大青树上的神仙不知迁移去了哪里。再回山寨，蔚蓝的东方天际聚集着祥云，天幕下，年年风调雨顺，人事安宁。

每一棵树都是人类的奇迹，茶树其实是我心里最忧郁的一棵。茶树承载了我对生命起源的认知，茶树是祖母，也许是外祖母。从农耕时代至今，德昂族种茶、制茶、饮茶、礼茶。古老的茶农，一直守候着古老的茶园，守候着我们生命的起源。

歌

我一直盼望着有一天，我能用德昂文写出一首诗。这个梦从很久以前就开始了，只是那些难写更难读的字母我至今未能读准

唱古歌的老人

确，自己拿着一个识字本。一去缅甸就找人问，对德昂文精通的又都不能讲汉语，会讲汉语的人又不识德昂文，每每下决心之后，我就用灰心来原谅自己被饶舌音的拒绝。

我内心愧疚深重，愧疚于祖先记录下的历史、古歌、曲调我只能用汉语的语境来理解，我除了血统和遗传之外，与母文化有着巨大的文化断层和隔阂。在这个困境里，我无法用这些圆形的字体写一封家书，更别说写一首诗。就像结绳记事时期一样，我要用自己的符号，制造自己的语言，然后才读懂自己的内心，我是一个失语的德昂族人，彷徨、焦虑又满含希望的生命，被驱离

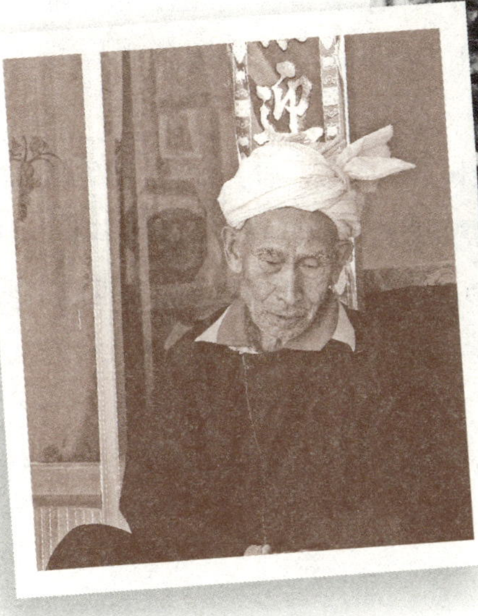

唱古歌的老人

古老传统是一种注定要走散的未来。

德昂族的山歌是手压口角，轻轻哼出来的，这些歌谣就是月亮下小溪水潺潺的流淌。几百年来，一代代德昂族就用这种简单且低调的传唱方式传唱着自己的历史和情感，每一个传唱者富于创新的创造就成了我们的心灵史。是的，用歌来唱天地宇宙，唱鬼神和万物，唱悲喜，唱爱恨，唱生死。

2013 年 10 月 2 日，我获得一次倾心的聆听。那天，天未亮就起床，带着敬畏的心去三台山，听李腊翁老人唱古歌，并录制下来，这是我多年的愿望。虽然录制可能会因为我专业技术不够而不理想，但我闻到亲人骨头香的味道，那一天就会变得与往时不同。那天我在李腊翁老爹家待了一天，我喜欢老爹脸上那一道道岁月留下的痕迹，那是风霜雪雨丰富过的人生。在他的歌声中，我听得见血脉相撞的声音。

帮外奘房上空的晨光，云朵像自由的心，稻子黄了，我仿佛是为了见证米的洁白才来。下帮是个竹节上的村庄，篱下有瓜，架上有豆，老爹唱的每一个音节都流淌着母语的涟漪，创世歌、田野曲、赛可调、德昂箫和那些古遗址中没落的痕迹，离我很近很近。

我是被歌声引来，也是被歌声送走的人，风里来的人，必定要向雨里去。

门

德昂族的古遗址，仅在德宏盈江有记载的就有十一处之多，只是大多被时间湮没成记忆了。还可以看见清晰痕迹的只有弄璋南，算一个傣族村子里的一座古佛寺，这也是德昂族现存的最古老的建筑，经历了百年的风风雨雨，从不呐喊，静悄悄地偏居在滇西这个宁静的村庄。虽然十年前就被列为省级保护文物单位，但他的破败证明了它的无人问津。虽然几经劫难，虽然破败仍存，幸得南算村的傣族人的守护。村里的老人说，因为是德昂族留下

南算古寺侧面

的，就叫奘崩龙，汉译就是崩龙佛寺之意。更为宝贵的是，佛寺保存下来了德昂族木雕，虽然不完整了，但对研究德昂族古代建筑有着非常重要的价值。最惊喜的是寺里还保存着一面德昂族大

水鼓。

这座德昂族古建筑呈长方形三叠式梯形，有特别鲜明的德昂族木建筑风格，与我在缅甸南坎见到的古民居风格相似。据说佛寺屋檐上原来有八只飞檐的龙头，在时间的更迭中，室外的雕饰和墙、瓦片都已更换过，室内德昂族木雕和石雕倒是被完好地保存下来，算得上是国内唯一一间可以见证德昂族古建筑的建筑物。佛寺是全木建造的，所用之木，木质坚硬，被时间磨砺成深褐色，我竟分辨不出是何树之木。梁柱子粗大，柱底为圆形有雕琢的石墩，瓦顶、四壁木梁上有浮雕。最完好的一处浮雕是在木房架的挂枋拱木，木雕刻，未上彩绘，图案有凤朝阳、龙戏珠及各种花卉图案。木格窗，不是雕花窗。这是与我在南坎看的那座老屋的不同之处，以房子的格局来看，原来的窗子肯定是雕花窗，是后来更换过。

几经修葺，佛寺面积缩小，还拆换过几根横梁，木柱脚因风雨侵蚀日久腐朽，被锯去一截，原来一楼高三米多，人可直立行走，牛群也常在下面乘凉休息，现在只有一米了。听说原来的三叠进，也撤了一叠，变成如今的二叠式。无论怎么变，还在就是我们的福祉。我相信这些木雕是滇西德昂族建筑史上的先行者的作品，手工木刻的龙、凤、蜻蜓和喜鹊都有着德昂族人粗糙的绘制风格，简洁的花朵穿斗在这房梁上停泊了百年的时光。后来，经入寺的和尚添了金粉而生动起来，风蚀了的木屋顶，传说从前是铜瓦，有过金碧辉煌的光辉，这与族群由盛而衰有着隐隐比喻。

南算古寺正门

我也看到，我们一代代人因兴衰而努力奋斗。兴衰是事物发展的规律，人人逃不脱。已湮灭的，必将是被人类共同复制的记忆。

石阶、石柱、石雕，与房子的年岁一样。可在崩龙奘遗留下来的木鼓，外形与佤族的木鼓相似。用牛皮蒙的两端鼓面，鼓身是一根巨大的圆木雕琢而成，长两米多，鼓腰四米左右，刳空木

心，鼓头不太圆，尾端较圆，漆黑，与现今的德昂族水鼓外形相差甚远，我称其为德昂族的鼓王。寂寞的鼓王，它是被南算村傣族人保护下来的，如今也已成为南算村的保护神，每每喜庆之时，南算村还会敲响这面古老的木鼓。寂寞的鼓王已经更换过许多次鼓皮，鼓尾还系了一条哈达，木制的四个轮子与鼓王相伴，陈旧的鼓轮，常常载着鼓王走出寺门，敲响雄厚的鼓声，护佑我们的灵魂。

佛寺的门，据村中老人说，从前门两边有木雕刻的人像及两只大象、两只飞马，飞马长有天使的翅膀，后来被破坏了。现在我看见的每一扇门、每一面墙、每一道梁、每一个窗，都透出别离的讯息，就好像临行前的告别，提醒我他们就要永远地消失而去。拢拢思绪，我想要他们都好好在我记忆里，在我孩子的记忆里，一直到孩子的孩子的记忆里。

族源追溯，会告诉我每一个少数民族的精神情结来源。我有一扇时间的门，走进去是岁月内在的种种奥妙，展现着时光的美；走出来是生命的跃动，是真理透过时间显现出来的存在，是永恒穿过种种阻碍，从过去发生的事实中清澈地自我现身。

白鹭飞处

如果你碰巧发现自己站在白鹭头的田埂上，假如正好是 2020 年的秋天的一个午后，你会看见一片金色的稻谷被金色的阳光照耀着，一阵风吹来，惊起一只只隐在谷穗下面的白鹭，翻飞在田野间。有的向树丛飞去，有的向寺院飞去，有的向天空飞去，有的向更远的远方飞去。

此时，田坝子四周的山坡上，绿翡翠般的竹丛掩映着一排排新楼，远远地传来讲卷舌音的德昂族人，用一口卷舌的普通话在抖音上推销自家的新茶。一条蜿蜒的水泥路，像生机勃勃的河流，日日夜夜在这片土地上长流不息。来来往往的车辆把这里的人、村庄、河流、山川和花草树木紧紧地联结在一起，这样的景象，让生活在这里的人和路过这片土地的你，都感到无限的舒畅

和快慰。

据《南甸司谱》记载：本司民族，其先为崩龙、卡那二族。记载说他们居住在山区和半山区，从事粮食作物、茶叶等种植和手工业生产，崩龙有古歌《达古达楞格莱标》。这段记载不仅反映了德昂族的古代社会生活，而且还说明了“古老茶农”之名的渊源。

一百多年前，就有德昂族居住在今天遮岛、九保、河西、芒东、勐养这些地方。那时有一个金齿国，德昂族人口众多。后来疾病流行，战事纷纷，盗贼出没，致使大部分德昂族人向外迁移，有少部分迁至潞西（今芒市）、盈江等地。现如今，在德昂族人原来居住过的地方，还能看到被他们遗留下来的土碗、土罐、烟锅、土瓷、铜香炉之物。遮岛后山一带，还有残留的土墙、石脚、石台阶。河西的佛塔墩、萝卜坝的芒蒙和广母、勐养的邦歪也都还留有德昂族人居住的痕迹。芒鼓山上许多古老的茶树，是德昂族从前种下的，这些古茶树印证着古老茶农的昨天。

有一份田野调查记录了德昂族人在梁河的迁徙时间线：道光三十年（1850）至同治九年（1870）间，有从潞西的新寨、勐外、总合及龙陵的户宽等地的德昂族迁入梁河的白鹭头和回告一带。迁入回告那一支，同时带来了佛法，还带来了本民族的僧侣。据说当时的南甸土司知道这一消息后，还特意给这支迁入的德昂族在回迁那个地方建了一幢漂亮的奘房。同治十二年（1873），居住在回告的这支德昂族又迁至二古城一带。他们迁向二古城时，经

龙阳塔

古茶树

历了什么只能是历史的谜了，他们没有带走佛寺中的僧侣，这说明再次迁徙不是计划之中的事情。第一支向二古城汇聚的是勐来坝牛滚塘的李姓支系，之后的数年里，不断有支系迁来。二古城慢慢形成了一个德昂族聚居地，最后在二古城立寨。到民国十七年（1928），白鹭头与二古城都成了德昂族聚居地，随着不断繁衍和迁徙来的人口增加，白鹭头与二古城分别都分立了上寨和下寨，居住很稳定，再也没有为寻找水草肥美之地而迁徙的情况发生了。

如今德昂族在梁河县境内只有两个主要居住地，一个是河西乡的二古城，一个是九保乡的白鹭头。二古城有新寨和老寨，其实也就是从前的上寨和下寨，老寨在更高的山林地带，新寨就搬到山下一地带。白鹭头有上白鹭和下白鹭。1985 年的时候两个居住地的德昂族加起来有六百多人，只有豆、赵、杨、李和线五个

姓氏。就在 1985 年，梁河县的 52 个乡中，九保乡还叫阿昌族德昂族乡。那个时候，你能看见我们住的竹楼，圆形，用一根中柱和多根檐柱做房梁，用山茅草盖顶，我们的房子像一顶帽子。这样的房子已经成为历史，如同贫困、落后、直过民族这样的名词也将成为过往一样。自从脱贫攻坚开展以来，德昂族从低矮的篾笆房，搬进宽敞、明亮、干净的新楼房。

在住进新楼之前的之前，群山怀抱，层峦叠嶂，人迹稀少的白鹭头住着土生土长的、连血肉也操着卷舌音的德昂族，也只有德昂族才真正与这地名叫白鹭头的土地密密相连，他们经历了发生在这里的酸甜苦辣。在陌生人面前，我们沉默不语，不会轻言说，更不会轻易将秘密告诉你，这是长期生存在其他民族的包围之中形成的。闭塞落后注定成为我们民族的性格弱点，与此关联的还有失落的民族自信心。在那个所谓的之前的之前，进村的路，在雨季都是泥泞，深坑遍布，进出无处可落脚。到旱季又是泛着厚厚的尘土，走上一里路，就连眉梢上也挂上了尘粒。

今天我想说的也是路，一条通往家园的路的变迁。

2008 年秋天，我坐着白鹭头小组长的手扶拖拉机进山。那年，雨水特别多，田间的稻穗被雨水打得湿漉漉的，饱满的穗饮了秋雨，头更加低垂，齐齐刷刷地向大地致敬。一条穿过田野的泥路通向村庄，路也吸饱了雨水，手扶拖拉机的四只轮子就像挖掘机的挖兜，在这条进村的路上挖出长长的两路深沟，深到随时挂得拖拉机的底盘发出咔嚓的惨叫。拖拉机强悍的四只轮子也会有实在走不过去的沟，人推拖拉机算得上是白鹭头雨季的一景，轮子刨起的泥水把推车人甩成泥人。如果泥人也推不走拖拉机，那只好把拖拉机上的物品搬下来，让拖拉机轻下来，再推。我见过最有趣的一幕是四只脚的水牛拉四只轮子的拖拉机，最后是人在后面推，水牛在前面拉出来，人牛合力解救了被困在泥路上的拖拉机。

不下雨的日子久了，路上就积起厚厚的尘灰，风一过，扬起的尘埃像一股飞动的云烟，远远看着倒是很美。如果不幸就在路上走着，那一头一脸一鼻子的泥灰是免不了了。手扶拖拉机突突地开过去，身后就有一条跟着跑的尘烟，车上的人和路上的人都要吸一头一脸一鼻子的泥灰。那段时间，走在路上的人蒙上厚厚的尘灰，看来有点像动画片里的异国人。

曾经有一个时代，手扶拖拉机就是乡村皇冠，那是手扶拖拉

机一生最辉煌的时代。手扶拖拉机出现之前，白鹭头村没有可供四个轮子出入的道路，我们拥有的最豪华的车是两个轮子的牛车，只能在平坦地带行走，因为牛没有爬坡的特长。手扶拖拉机最初只有村社才有，1990年之后，村里也逐渐有人买了。那时候手扶拖拉机在山村主要载人和生产。在山村的泥路上，手扶拖拉机是那种翻下路边，扶起又可以开走的交通工具，拉物拉人，实惠又实用。

白鹭头小组长娶了个汉族媳妇，他们家那时住的是土木结构的小木楼，正屋还挂上了天地君亲师位，高大的汉式供桌上还有妻子家的祖宗牌位。当时我特别震惊，这个供奉太跳跃，惊得我转不过圈来。小组长的媳妇是个持家有度的女子，还会做些小生意，收购山里的土特产囤到价格合适时才卖，有钱了就置家添物，他们家在当时就显得特别殷实。我说的殷实也只是与当时的白鹭头对比，他们家的手扶拖拉机是白鹭头的第一辆四个轮子的车，一到赶街天，小组长负责拉村民到街上卖山货，再从街上拉回生活物资。

他们家还开了个小卖铺，油盐米面、烟酒糖茶样样都有。小卖铺也不是以卖货为目的的，只在傍晚的时候一家人从田地里收工回来才打开门，小卖铺的门其实是一道木窗子，用几块活动木板做成的窗子，可以一块一块地取下来。这门想开大点就全都取下来，想开小点就只取一两块木板。黄昏是小卖铺的黄金时段，买盐的，买油的，买烟的，最多的还是买酒的，盛酒器是竹酒杯，一杯二两，一块钱一杯。劳累一天的男人们，围坐在小卖铺前的大青树下，抿着酒，抽着烟，聊着自家田里的庄稼，等着在火塘边忙碌晚饭的女人叫他们回家吃饭。

这样的黄昏，这样苦中作乐的消遣时光，回忆起来，是一种旧有的平衡，也有懒散的执迷。但世界从来不是静止的，世界有着熙熙攘攘的新面貌。那些曾经茫茫然的历史可以铭记，更是用来遗忘的。

1996 年 9 月，中央扶贫开发工作会议决定沿海经济发达省市与西部欠发达省区建立对口帮扶协作关系，上海与云南建立对口帮扶协作机制。上海对口帮扶德昂族发展是云南与上海两省市积极贯彻党中央和国务院扶持人口较少民族发展重大决策的重要举措，于 2006 年正式启动。德宏州的德昂族分布在 17 个乡镇 31 个行政村 56 个村民小组，对口帮扶以整村推进的方式进行扶持。在国家的精准扶贫政策下，今天的白鹭头通向外界的是宽敞明亮的水泥路，再也不见昔日的破旧危房的模样。村内家家门前都是硬化过的入户道路，原来的破旧的公房，现在是漂亮的文化活动室、党群活动室和农家书屋。污水横流的畜圈也整齐规划出来，还建起了沼气，原来饮用竹筒引来的山水，现在也改建成规范安全的自来水。上海的企业还帮助白鹭头开发种植茶叶项目，开发 190 亩荒地种上茶叶，白鹭头的群众有了增收小产业。

30 多户白鹭头人在上海市民宗委的对口帮扶下住进了整洁亮丽的新房，有德昂族的新村庄，每家每户的砖木结构的楼房，院

休息

子十分敞亮，电来了，水来了，网络来了。家家用沼气烧水煮饭，环保又清洁，守住了青山绿水，也改变了过去劳作不便的生产状况。一条大路通向山下的稻田，耕种和收获都方便多了，村里人种的瓜果蔬菜，山里找的山货都可以轻松拉到市场售卖。村里有了文化室、活动室，新添置了公共娱乐设施，极大地丰富了村民的文化生活，大家都不聚到小卖铺喝酒了。

只有到浇花节人们才聚到大青树下面，浇花节也就是泼水节，在梁河一带，德昂族传统泼水节叫浇花节。关于泼水节在德昂族的传说里有多种，因为地理原因，泼水节在各村各寨都会有些细微的区别。从口口相传下来的传说故事中可以看出，比如《仙女下凡洗澡的故事》《燃烧的传说》和《佛祖的故事》都是与泼水节有关的传说。梁河一带的泼水节源自佛祖的故事。相传很久以前，开天辟地的是万能佛，万能佛是为了帮助德昂族过上美好生活，才下凡来到人间。万能佛化身成一个僧人，独自住在奘房里，为德昂族化解了许多灾难，深受百姓尊爱，但万能佛下凡人间的时间期限满了，天神催他回天宫。万能佛舍不得离开勤劳善良的德昂族人，又不敢违反天规，忧郁成病。德昂族男女老幼都赶来奘房问他有什么办法可以把他留在人间，万能佛让人们刻一个木像，每年农历三月十四为木像沐浴洗尘，可保天下风调雨顺、五谷丰登。万能佛离开了人间后，德昂族人为了怀念他，每年农历三月十四那天，就照着当年他居住的奘房的式样，盖成凉亭，将佛像置于亭中，引来清洁的泉水为佛沐浴洗尘，采来山中百花搭成花门，用沐佛的水浇灌花门，赶大摆，泼水狂欢，祈愿万能佛保佑。后来，逐渐形成了节日，有的支系叫浇花节，有的支系叫泼水节，还有的支系叫母亲节。

上白鹭头的旁边，就是下白鹭头，村头有一棵上百年的大青树。我曾坐在树下，以为自己还有许多的时间可以回来，回来发会呆，或者写首诗。只是好多年过去，我只有在新闻里听和看故

乡的千变万化。这样的改变，对德昂族来说，是从原始社会直接过渡到社会主义社会，是从夹缝中求生存变成有地种、有衣穿、有饭吃、有学上、病了医得起的现代生活。我在另一个地方驻村，与那些战斗在德昂山村的扶贫工作队员一样，跋山涉水，进村入户，为建设美丽乡村奉献微薄的力量。我身边的变化就是故乡的变化，我看见的中国大地上的美好，就是故乡的美好。

是的，我常常在意念中，从新的白鹭头回到旧的白鹭头，再从旧的白鹭头折返新的白鹭头，在时光的新旧里往返穿梭，切切地感知着专项扶贫、行业扶贫、社会扶贫的扶贫大格局带来的巨大变化。如果我不曾亲历驻村扶贫工作，我也许就不会感受到基本医疗保险、大病保险、民政医疗救助、兜底保障四重保障政策对一个患病家庭的重要性。当再也没有一个家庭会因病致贫、因学致贫、因灾致贫的时候，我们才能守住我们久违的乡愁。有许多人为德昂族脱贫致富在奋斗，这种奋斗就是中国力量，我在他乡也一定要全力以赴。

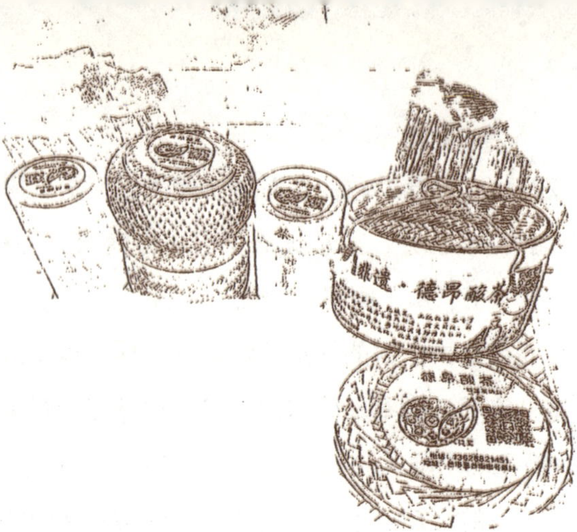

茶乡春早

三月的早晨还带着凉意，出冬瓜山洼里飘出薄雾。杨老一早醒来就忙着备下午饭，干巴在火塘边烤香，撕成碎条后拌上辣椒、芫荽简单地调味，再捏两团白米饭，如此便可在茶山上享用一顿美味早餐了。

白米饭蒸过后透出晶莹剔透的光泽，为使口感更加软糯，杨老特意掺了些糯米。要捏一个紧实的下口时还不易散碎的饭团，还是需要一点技巧的，不过对于杨老来说不在话下。小的时候父母上山采茶，总是他备下午餐，多年来早就把捏饭团的技巧谙熟于心。沾了水的双手把米饭左右把握，不出一会儿就捏出六个拳头大小的白米饭团，圆圆滚滚的甚是可爱。

将热乎乎的饭团装入餐盒，思绪却飘回至十几岁时，那时候

每年三月初父母都会带着他上山采茶，他亦如此备下午餐，只不过有些日子里食物匮乏，就算是南方盛产稻米，也总有吃不上米饭的时候。他总是在晨起煮茶的灶灰里埋些土豆，等父母起来喝个三五壶的茶水后土豆也熟了，在包土豆的芭蕉叶上撒一层盐，便是一顿午餐了。那时候盐很金贵，就是吃白米饭也要挑着担子走近百公里的路去缅甸买。出冬瓜顾名思义就是冬瓜的繁殖茂盛，但填饱肚子的还得是土豆这样淀粉类食物，所以大多数人家都是吃土豆。也就是那个时候，酸茶几乎销声匿迹了。本来酸茶就是做工复杂且极耗材料的茶类，刮油清肠的功效更是厉害，人们都恨不得一颗土豆能扛一整天的饿，酸茶就更没人喝了，这没人喝，便不做了。

备好午饭，杨老的妻子也张罗好孙女的洗漱。二人吃过早餐，昨日在村里召集的采茶能手们也聚集在家门口等候。三年前，小儿子跟村里的生产队租了三十亩茶地，开始大规模地投入做酸茶。那么多的茶叶，仅靠杨老夫妻俩不可能在茶叶的有效期内采完，重要的是鲜叶采回后一两天内就要杀青，人手不足让杨老苦恼良久，幸而出冬瓜的德昂族男女不论长幼，都是采茶的好手，于是杨老便专门雇了几人帮着采茶。

德昂族喝茶，是深入骨血基因的习惯。茶是礼，亦是俗，老人们更是常说“宁可三日无米，不可一日无茶”。如果说喝茶是德昂族的标志性行为，那么喝酸茶则是德昂族人们对精神文明的极致追求了。尽管酸茶在那个物资极度匮乏的年代失传过一段时间，

采茶

但到底是有杨老这样心中深深刻着民族记忆的人存在着。

2000 年的时候，杨老的工作稳定，生活环境也翻天覆地一般地改善了。他开始未雨绸缪策划，准备制作酸茶。这不是一件轻易就能办到的事情，走访族人中对酸茶还有记忆的老人，结合着自己记忆中酸茶制作的方法，整合出一套完整酸茶制作工序便立刻投入制作。每六斤鲜叶，只能产出一斤的酸茶。第一年，他把仅有的两斤酸茶送给了在芒市机关单位工作的挚友们品尝。酸茶新鲜的口感在一众好茶友人的口中得到了认可和赞赏，大家纷纷

鼓励他继续制作酸茶。时至今日，杨老已经记不清当时的自己是怎样一副勇气可嘉的模样，后来的日子里，各种困难只有信念感足以支撑。

三十亩的茶地连绵在好几座山的一侧，翻过山尖，一面是芒市城车水马龙，一面的远处是瑞丽江水潺潺，隐约还能看到江水隔岸的缅甸山峰。喝茶，喝酸茶便是其一。

下午三四点，杨老就要提前回到家里为今天的帮工准备一顿晚餐。天色将暗，采茶的人归来，三五人背上背着箩筐，肩上还

茶甑

要挑着一担子，全是差不多食指长的鲜叶。嫩嫩的绿叶铺满整个院子，晾晒两小时后，晚饭和歌舞也差不多结束，送走帮工们，杨老就要开始蒸鲜叶了。山上的风很大，两个小时足以吹干鲜叶表面的水分。杨老的妻子早就做好了烧火煮水这些工作，一口黑黑的大铁锅，平日里鲜少拿出来使用，也不能见油荤，十几年下来却如新的一般，只有锅底厚厚的炭灰堆积的痕迹足以证明它的存在。大黑锅里只烧一半的水，蒸笼也是特制的，一屉能装十斤左右的鲜叶，一次蒸一屉，耗时半小时。忙活着蒸完今天采摘回来的几十斤鲜叶已是半夜，杨老夫妻简单洗漱就要赶快休息。等天一亮，晨风还未吹散山洼里的薄雾时，就又要开始新一轮的采摘了。

从三月初开始，一直持续到十月，大黑锅都不会再被收起。春茶、明前茶、雨前茶再到秋茶，持续一年大黑锅底下的火苗都不会停歇了。

杨老的小儿子在芒市有一份稳定的工作，近几年才开始帮着家里卖茶，还在芒市开了一家茶庄，各种茶都卖，主营还是酸茶。虽然耪了三十亩茶地，但原本的工作和一些繁杂的应酬让他无法回家帮工。年前杨老与他深谈，自己已经老了，做起酸茶来总是心有余而力不足。儿子竟然想要提高酸茶的生产量，就得想些办法解决家里劳动力不足的问题。小儿子觉得离开芒市回家来，只埋头做茶等于闭门造车，想要把酸茶卖好，总是需要市场的，而芒市的工作环境、朋友、朋友的朋友就是市场，都是决不能放弃的。

这样的交谈总是不欢而散。

天色渐亮，太阳还未跃出云层，阳光透过一些云层的细缝射了出来，晶晶亮亮地洒在晾晒着的茶叶上。这些茶叶经过蒸煮以后由嫩绿变成了翠绿，叶面也像刷了油一般亮闪闪的。杨老每每在清晨推开房门看到这样一片绿油油茶叶时，就想到祖先传说中幻化为人去开天辟地的茶叶仙子们。尽管院子里的这片茶叶虽然被蒸得柔软，再也不能为大地扫除雾障，但却承载了杨老一家的希望，乃至一个民族的文明。有时，他又觉着，茶山、茶树和茶叶都没有足够的灵气，只有经由复杂纷繁的工序后成了酸茶，茶山、茶树和茶叶的灵气附着在烧开的山泉水中，冲泡开酸茶的那一刻，伴随着他对阿公阿祖的记忆，只有这一刻，酸茶的清香散发开来，茶叶仙子才会围绕着他翩翩起舞。

第二天采茶，杨老和妻子只叫帮工们自己去采，昨天夜里蒸

好的鲜叶要加紧进入下一道工序才能保证鲜叶的鲜能够保存下来。他要赶在下午 3 点前把蒸好的茶叶揉成团，再放入竹筒封存。这两年政府要把三台山出冬瓜打造成少数民族旅游村，年轻人岩南去年辞了工作回家响应政府的号召，他把老房子翻修成了客栈，现今又开始学习做酸茶。昨天山上采茶的路上遇到岩南的母亲玉鹅，她与杨老抱怨埋酸茶发酵的那块地总是难选，三言两语便敲定了让儿子岩南来看看杨老是如何选地的。杨老是德昂族酸茶非物质文化遗产传承人，也是最早开始重新做酸茶的人．如今村子里做酸茶的人虽不算多，但也有几家以此为生，他们大多遵循记忆中祖辈的做法来制作，但总有一些地方难以捉摸，积淀了十几年的经验，杨老也就成了大家争相讨教的人。杨老乐意把酸茶最传统的做法教给年轻人，不管是岩南还是谁，他都细心教导。

有了捏饭团的经验，把蒸好的茶叶揉成团不算难事，关键一步是揉。杨老难以描述揉时力道的大小、揉搓的方向以及手感，只说知道的人就知道了，不知道的慢慢了解嘛。

揉成团的茶叶排排放在簸箕里，等待着装入竹筒里封存。竹筒是杨老过年时趁着儿子在家就备下的，出冬瓜不缺竹子，老话还说有竹林的地方就有德昂族，但如果要大量地砍来使用，还得去山里寻，家门口的竹子是不能动的。

竹筒要有成年壮汉的手臂一般粗细，一米左右的长度，两段竹节之间留一端做底，几十个竹筒码在屋檐下。前些日子杨老的妻子就把它们进行水煮消杀，又放在檐下风干。茶团有序放入竹

煮茶

筒，每放三两团就要用木棒舂实，尽量不留空气在里面。茶叶放得快到竹筒口就用芭蕉叶封口，再用一片细的竹条捆住，发酵前的准备工作就算是做好了。

太阳正热烈的时候岩南来了，帮着做了一些收尾工作后，杨老二人一道出了门。杨老家门前就是寨中的小路，走上一段布满青苔的石阶，石阶一面靠着杨老家的地基，一面的斜坡上长满了竹子。这一趟出门，二人是为了寻找一块合适的地来埋竹筒。酸茶的发酵需要一块落不到雨水，或是上午或是下午能晒到太阳的地方。沿着小路一直走都是潮湿的，竹子立得高挺，石阶上、斜坡上铺满了落下的竹叶，被竹叶覆盖的地方一片潮湿腐烂的气息，没被竹叶覆盖的地方都布满了青苔。

最终，杨老决定在自家屋檐下选一块地作为埋酸茶的地方，不过在这之前要为屋檐的排水系统做一番修缮。杨老的家有一栋祖辈留下的老房子，是传统的德昂族民居，形似诸葛亮的帽子，当然，有着相关的传说佐证这一说法，此处就不详谈了。

老式民居屋檐的排水槽就是竹子。粗壮的竹子对半劈开，撬掉竹节之间堵塞的地方，再用铁丝拴在屋檐下，长度不够的地方一根搭着一根，这便是排水槽了。德宏雨季漫长，有时候雨大的一米开外全部模糊，一根水槽只怕是不行。杨老让岩南先去砍竹子，得在买下竹筒之前就搭好新的排水草，才能保证酸茶发酵过程万无一失。岩南砍回竹子已是日落西山，杨老与他赶着时间将竹水槽修整好时天也黑了下来，屋檐下没有电灯，妻子只得点支火把为他们照亮，勉勉强强才在原来的竹水槽外面再加了一条平行的水槽，这样即使下大雨也能有所缓解。

岩南搭好水槽动身回家时，采茶的队伍也回来了，岩南与为首的茶农交谈，请他们过几日也分几个人去自家茶山采茶。岩南的父母虽在壮年，但这雨前采茶的时间总是不能耽搁的。

这边杨老挖坑这事只得安排在明日早晨了，晚上还得赶着把今天的鲜叶杀青，如此繁忙的日子得持续到秋天才会结束。杨老把鲜叶铺陈在院子里，又想着找时间给儿子女婿们打个电话问问，周末是否有时间回家里来帮帮忙。本是不想麻烦子女的，小儿子有自己的事业要忙，同时还兼顾了茶庄的生意，女儿女婿在勐嘎当老师，离家也不近，学校教书育人的工作更少不了花费心思。可今年三台山整个乡的茶林都长势旺盛，计算着产量能比往年高出不少呢，还是得让孩子们回来帮着做些事情，也好让孙子孙女

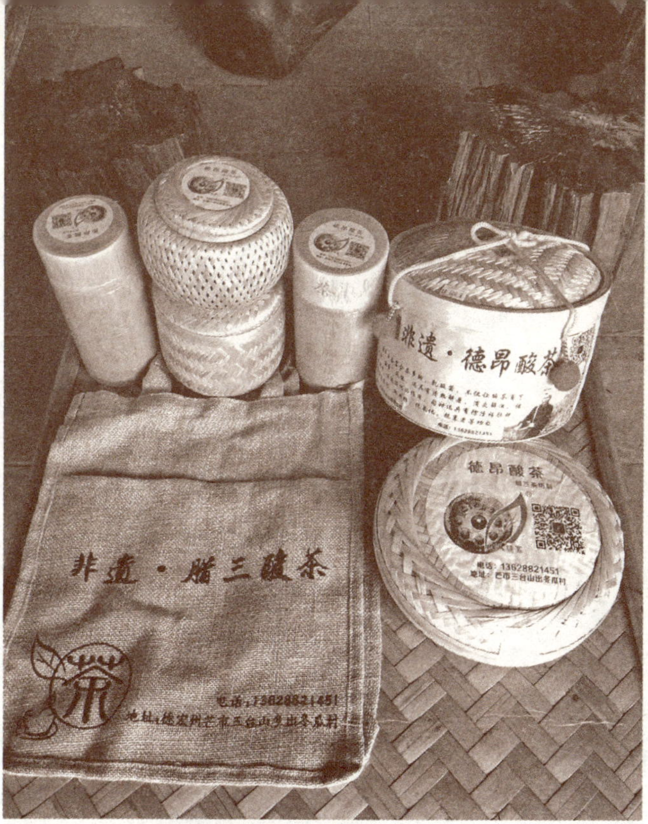

茶成品传统包装

们一道过来接受一下民族文化的熏陶，学着一些酸茶的制作方法，自己这样一身的好手艺，总要有个人来传承的。

翌日，采茶的队伍刚刚出发，岩南就到了杨老家，随行的还有岩南的父亲。

杨老晨起就开始挖坑，岩南和父亲来了就帮着一道挖了起来，两位老人不禁聊起了酸茶的前尘往事。

↑摊凉后揉捻

↓揉捻后装筒

↑装筒后压紧

↓压实后密封

岩南的父亲称小时候家里生活条件还算过得去，每年都有富余的鲜茶来制作酸茶，祖父祖母更是喜爱酸茶多过一般的茶叶，所以自己偶尔跟着他们一起制作酸茶。就算有多余的鲜茶来制作酸茶，到底还是小产量，六斤鲜叶可得一斤酸茶，每年也就做个四五公斤的酸茶，与现在大不相同。现今酸茶经过杨老不懈的努力，有了些名声，岩南家基本把自己茶山的茶叶都拿来做酸茶了，这样持久的制作过程，中间又有很多批次，每个批次间气候、数量等一些因素实在难以把控，每批酸茶的口感更是大相径庭，岩南和父亲都被这样的问题给难住了。

杨老说酸茶是一种包容性极强的茶叶，尽管它的制作过程繁杂，但各家都有自己一些细节上的调整，但是它失传了很久，再做起来谁都难以把控。自己从 2000 年开始到今天，快二十年的时间了，早些时候也是很难把控产量、质量和口感之间的平衡，这其中有太多弯弯绕绕了，一时间也难以尽数说清，杨老只得交代岩南有任何问题来找他探讨就是了。

竹筒埋下的时间正是上午 11 点，阳光不偏不倚地照在廊下，德宏紫外线很强，三月早晨直晒的太阳已经让三人的后背染上一层薄汗。杨老指挥着岩南将竹筒整齐排放在一米多高的土坑里，竹筒得睡倒了放置，一层层垒起，埋土时要注意填满竹筒之间的缝隙，上层掩盖的土还得厚实。岩南一会儿挥着锄头把挖出来的土填进坑里，一会儿又蹲在坑里，拿着小铲子填埋一些缝隙。阳光洒在他的发梢和睫毛上，亮亮晶晶的，额头和鼻翼上细密的汗

珠也反射着光点，杨老看了连连夸奖：“岩南是个好孩子呀，肯吃苦，总会有收获的。”

三月的早晚都还冷风习习，春季本该干燥，德宏却一年四季都温和湿润，三台山更是植被茂密，冬天也被绿植覆盖着。

埋好竹筒，杨老夫妻简单地招待岩南父子吃了一顿午饭。席间，杨老邀请岩南留下来和他一起招待省城来的客人。午饭过后便要开始准备食材了，得做一桌子最具德昂风味的美食。杨老自己晾晒的牛肉干巴、妻子种在院田里的各种蔬菜，值得一提的是苦凉包。

潮湿温润的气候滋养着一种叫苦凉包的植物，三台山的德昂族人家几乎每家都种植着它，现下正是当季的食物，采来招待客人最为合适了。苦凉包通常种在篱笆旁边，它长得挺拔高立，叶片张牙舞爪，几乎不生侧枝，苦凉包果实就长在顶端的叶丛中心，形状和樱桃差不多，一小支节能挂六七颗果实，颜色呈褐绿色。苦凉包不管是凉拌还是煮汤，抑或是炒着吃，都得先焯水，再用清水浸泡三小时以上，这样才能去除苦味。

给苦凉包焯水的时候岩南就想，为什么德昂族每家每户都要种植苦凉包，每年每季都喜爱吃苦凉包呢？德宏的夏天燥热，上火总是避免不了的，苦凉包这种食物相当于凉药，有着天然的下火功效，三台山的人们鲜少吃药下火，这些应运而生的食材很多，天渐渐热起来后还有帕哈、苦子……

酸茶清肠，也有着差不多的功效，可若是深究酸茶药食兼用的功能可是远远说不清楚的。这些年来，酸茶广泛流传了起来，三台山来了很多学者专家，他们从酸茶的各个方面进行研究，岩南从这些人的言语里认识到了不一样的酸茶世界。

酸茶药食兼用，营养物质丰富得足以改善人体内的物质代谢，这也是岩南刚开始喝酸茶时总是感觉肚子饿的原因。除此之外，酸茶还能抗氧化、保护肝脏、降压安神、改善睡眠质量、抗糖尿病等等。岩南喜欢学者专家们来喝茶时的这些说道，和小时候坐在火塘边听阿公阿祖说故事一般好听，只是对待酸茶他要认真许多，甚至拿出了从前在学堂上从未有过的认真架势。就连父母都不知晓，岩南手机上的记事本里记下了满满当当的文字，有专家们对酸茶的科学解说，有父母讲述记忆中与酸茶相关的事件，还有阿公阿祖讲过关于德昂族茶叶的传说，更有杨老近年来对酸茶技艺的悉心传授。

岩南喜爱酸茶，喜爱祖祖辈辈流传下来的文化。

岩南当过兵，当兵那些年接触到山寨之外的事物让他对这个世界有了一些新的认识。退伍后他在芒市一家公司任职，工作不算繁重，可小地方的公司大多是家族企业，裙带关系给工作带来了方方面面的不便，人际交往的复杂更是让岩南在一个个无眠的深夜感到无力。

后来政府号召把家乡三台山打造成旅游村落，趁此机会，岩南决定辞掉稳定的工作，回家创业。

几年来村子里的人们越来越富裕，很多人都拆掉了德昂族小

↑挖发酵坑

↓入坑掩埋

楼，盖上了砖瓦房。岩南的父母舍不得推掉老房子，毕竟父亲的祖祖辈辈都生活在这里。

岩南的家在出冬瓜最高的地方，对面就是寨子里的公房，公房的院里有一块篮球场，没事的时候岩南很愿意和邻里的小孩们一块儿去那里打篮球。岩南家的篱笆是用宽竹片编的，篱笆沿着

↑2～3个月出坑

↓出坑后

路歪歪斜斜地向远处盘旋而去，几朵格桑花不合时宜地探出脑袋，粉的、白的，颜色浓淡搭配得很是好看。院子口没有门，岩南只是插了一根木桩在左边，木桩上钉着四个直径五十厘米的圆簸箕，簸箕上面色彩斑斓地写着“德昂小院”四个字，这便是岩南家客栈的名字了。

还未进德昂小院，篱笆和老式的、具有鲜明德昂族特色的干栏式竹楼便一起尽收眼底。一楼是开放式的，通眼望去只有支撑整个房子的木桩屹立，木桩不粗，但数量较多。从前有些人家的一楼会用篱笆围起来圈养牲口，岩南家的一楼兼具多重功能。

三五好友来时，这里就是一个不太正式的会友场合，老人交谈，幼童嬉戏，年轻男女暗送秋波都可以在这里进行。厨房被篱笆隔开，饭厅却也在这里，岩南的妈妈是德昂族刺绣的非遗传承人。在岩南的记忆中，更多的时候是母亲在这织布刺绣，父亲坐

洗去筒口泥土

在廊下吸烟，一副光景好不美好。

二楼就是住处了。爬着陡立的木梯上到二楼，目光立马便被晒台吸引住了。上了二楼，左手边是住的地方，里面被篱笆隔成几个单间，也有通铺，都是铺在地上的地铺，床单被套有些独特，都是岩南的母亲根据德昂族本身喜好的颜色自行搭配和编织的。右手边则是岩南的茶室，一套现代工艺的茶台和茶具，专门提供给慕名而来的品茶人。墙壁上挂着的是一些老物件，有纺织用具、捕鱼用具等等，都是岩南几年来在三台山各个村寨里搜集来的老东西。晒台就在中间，沿着住处门口的廊下走出去便是。晒台不是木质的，而是竹篾编织的，看起来颤颤巍巍，臆想着踏上晒台的第一步就会直接坠落地面。可晒台的光景实在美好，岩南的家面向一片广袤的山洼，密集的绿色中点缀着三三两两房屋的砖瓦。寨中的小路蜿蜒崎岖，一会儿隐入一片暗绿之下，一会儿攀缘在对面的山脉，通向另一个村庄。一些制成饼的酸茶晒在架子上面，攀着晒台柱脚爬上来的南瓜尖直直地伸着手，探向簸箕里的酸茶块儿。

这批茶四月初就埋入土坑，七月六日小暑这天出土。岩南扒开封在竹筒上方的芭蕉叶，植物发酵过后的清香立马飘散开来，凑近竹筒深深吸气，茶叶本身的香味带着一些微酸的气息扑鼻而来。岩南兴奋地与母亲说道：“发得刚刚好，香！”擦拭干净竹筒边缘的泥土便将茶叶倒进事先准备好的大盆中。此时的茶叶已从绿色变成了深褐色，泛着一点点绿光，由于炒青时挥发掉了大部分茶叶的水分，尽管经过了三个月的发酵也没有产生太多的水分。岩南的母亲抓起一把茶叶放在手掌心，三下两下挤掉了多余的枝叶，再放入一个巨大的舂桶中。舂桶有一口汤锅的大小，是挖空一棵老树桩制成的，这个大舂桶一次能舂三斤左右的茶叶，为了稳固舂桶，特意将它凿成一个红酒杯的形状。

舂茶是制作酸茶的一道重要工序，岩南的母亲通常不会把这项工作交给岩南或者岩南的父亲。舂棒的重量不可小觑，手起棒落之间力度把控更要精准，不能完全破坏了茶叶的组织，又得将茶叶舂细。若是岩南父亲那样挥刀砍树的力气，将茶舂成泥浆可就完全浪费了一批全家人投入最多心血和精力的好茶叶。母亲舂茶的时候岩南在一旁把手机打开来录像，他得把母亲一边舂茶一边哼着民调的实况录下，录好后编辑好一段文字发在朋友圈，这是他的营销方式之一。总得让代理商们或者一些茶叶爱好者们感

受一下德昂族酸茶纯手工制作的过程。岩南受过良好的教育，他深知酸茶传承的主要途径之一就是要开拓足够的市场环境，有了销路才会有更多的同胞制作酸茶。在他看来，一个民族能以自身的文化产品作为生活来源是一件无比光荣的事情，这也是他放弃城市生活和稳定收入，选择回到出冬瓜的初心。

岩南很聪明，他常年往返在三台山和芒市，每一批次的酸茶制成后，他都不厌其烦地把酸茶带到代理商和茶行的前辈们那里，请他们品尝每一批酸茶，再谈谈这一批次酸茶的口感好坏，从中他累积了很多经验。为了更加迎合市场需求，他还在酸茶的制作上做了一些细微的调整。岩南这些年和父母一起钻研出很多关于口感改良上的良策，他能做到保持传统又符合大众口感的酸茶。

发好朋友圈后，岩南便开始跟着母亲一起舂茶。舂好的茶叶再次挤干水分，和捏饭团差不多，把碎碎的茶叶捏成一个紧实的、刚好能握在手心大小的团子，再轻轻压扁一些，不仔细看就像一块厚实的紫米粑粑。这些茶饼晾晒一两天便可以切片了，茶饼不能晒得太干，不然就得拿锯子来锯了。切片是父亲喜爱的工作，只要坐在四面透风的一楼即可，对于父亲来说，这活儿既是工作，也能纳凉。切片是一个程式化的工作，通常是把茶团横切成条，五毫米左右最好，再翻过来切成食指一个指节左右的长度即可，切好也只需平铺到簸箕上，再拿到晒台上晾晒就好。

接下来的晾晒就是个细心的活儿，岩南一家三口需要随时警惕着天气的变化。德宏天气多变，一天之内又是艳阳又是暴雨也是常事。可是切片后的酸茶很是娇贵，经不得一点水汽。于是岩南泡茶时，母亲织布时，父亲吸烟时，三人都会不经意间望一眼远处的天是否有黑云压过，三不五时还要将茶块儿一一翻面。有时候雨来得毫无征兆，岩南总是迅速地从茶台跳起，飞奔至晒台把一个个簸箕往茶室里搬，要是有茶客正在品茶，都会惊叹道："这都还没听到雨落下的声音，你就把茶都收回来了。"

岩南珍爱每一块酸茶，就算某一批酸茶的口感不是很好，自己一个人的时候就会把这些从市场上淘汰下来的酸茶给喝掉。每次喝着这些残品，岩南都会怀疑，到底什么样的口感才能算作好茶？好茶坏茶该由谁来判定呢？从前阿公在火塘边上整日烤着的酸茶又是什么样的滋味呢？

七月的暴雨总是无端而至，这天岩南要招待冒雨前来品茶的客人，可晒台上的酸茶移到了茶室，大大小小的簸箕用小竹凳架起，塞满了茶室的各个角落。他只得尴尬地招呼着客人们挤进簸箕之间的缝隙来落脚，为此岩南感到招待不周，又怕客人身上的雨水落在半干的茶饼上。开始晾晒的茶饼马虎不得，一滴水也不能沾到，不然潮气就会严重影响酸茶的口感。六斤的鲜叶经过重重工序才能制成一斤的茶叶，岩南总是格外地珍惜这些出自父母之手的酸茶。目前正在晾晒的这批茶是品质较高的一批明前茶，岩南更是亲自参与了这批茶的每一个制作环节，自己和父母都对它寄予了厚望。再等几日的艳阳照晒，这批酸茶就可以喝了，等到收茶的那一天，要先送到芒市代理商李老板那里，第二天再带

➡掏出茶叶

⬅发酵后的茶叶

着酸茶去德昂族的文学先锋杨老家里坐坐，另外酸茶传承人杨老那里也是要去的……

岩南把卖酸茶当作养家糊口的工作。要以此谋生，岩南深谙其中的艰难。德昂族人口较少，发展也有些落后，酸茶的传承更是出现过断层的局面，这样受众小又是完全没有市场的局面只能自行逐一击破。

厚脸皮，这是岩南累积得最好的推广经验，芒市、瑞丽的各家茶行他都跑过了，一些经由朋友介绍的鉴茶能手他也拜访。几年间他已经有了五家代理商，朋友圈的经营也在各个城市有了销

←捣碎茶叶

➡捣碎后捏成圆球

路，如今的局面让岩南对未来充满希望。

岩南将这批明前茶送到各个代理商手上的同时，杨老家的明前茶则进入最后一道工序——入瓮。

酸茶入瓮是为了捂，也是酸茶的最后一道发酵工序。传统的酸茶必须有过陶翁的发酵才有原始的口感，不过岩南将这道工序优化了。

杨老家的储藏室里码放着十几只黑色的陶翁，这些陶翁是从祖辈传下来，专门用来捂酸茶的。德昂族在解放前有一个辱称，叫作臭崩龙。崩龙取自古称，臭则暗示着德昂族人们喜食带有臭味的食物，当然这是不爱好这一口味的人的说法。在德昂族自身看来，将食物发酵是储藏食物的最好方式，酸茶入瓮一至两周，便是为了后续更长久地储存酸茶。杨老将满载酸茶的陶翁一一排放好，心情已是愉悦至极，他连忙给在芒市上班的儿子打了电话，告知他明前的酸茶已经开始最后的发酵了，很快就可以上市，这期间儿子就可以开始联系各个买家了。

德宏的夏天很长，九月秋雨飘飘洒洒，明前制的酸茶早已送到各个买家手上。杨老则在秋雨飘荡的早晨，拿出留下的几两酸茶，悠悠然然为自己和老伴泡上一壶。滚烫的开水冲过茶片，清香立马四溢开来，茶香飘荡出淡淡的酸涩之味，入口的酸涩便立马占领唇齿之间的每一个角落。不到一分钟，醇醇的香甜立马涌上，这甘甜的味道在口中跳跃，就像山洼里若隐若现的雾气，纯纯的，绵绵的，怎么都不能消散。

↑酸茶晾晒 1 ~ 2 天

↓酸茶暴晒 4 ~ 5 天

切成块的茶

我的另一个故乡——巴迪

我出生在瑞丽，生长在瑞丽，我以为我是瑞丽人，并且会永远是。但桂珍说，我们的籍贯在巴迪，所以巴迪才是我们回不去的故乡。

巴迪是个小村子，在香格里拉上江，是桂珍的老家，理所当然，也是我的老家。

小村伫立在两座山之间的凹处，面对着缓缓流淌的金沙江。桂珍是我妈，她本名不叫这个。我和外公喜欢桂珍、桂珍地唤她。

在巴迪，秋天的时候，田野里的小麦微微显黄，柿子树就掉光了叶子，零零散散地立在麦田里，迎着张牙舞爪的江风东摇西

摆。这些柿子树和村口的核桃树隔了一片宽宽的田垄，还有一条窄窄的土路，却比核桃树柔和得多。立春后，江水缓慢地上涨，沿江的石缝里长出的灌木蒿草，被一点点淹没。散布在山间或小路旁的花椒树，发出嫩芽，还有香椿也发芽了，两种嫩芽采回家焯水凉拌，美味至极。巴迪的香椿是野生的，寻着味就能找到香椿树。夏天不热，田垄上的小麦、青稞已经抽出穗，田垄跟着金沙江一路蜿蜒。我家老屋背后就是初母初一神山，夏日的阳光消融了山顶的积雪，可以看到苍翠的松树。冬天，庄稼已收割完，柿子树也掉光叶子，挂着满满一树的果实，那时候风再也吹不动柿子树的树枝。

这里柿子的红，是我见过的所有柿子里最红的，有些还带点橘黄色。它们散落在光枝上，背景有时是湍急的江水，有时是岩石垒起悬崖，有时是残冬下荒芜的田野，有时是大雪覆盖的群山，这样的画框里，柿子的红没有哪里的可以比。

我的家建在村里最高处，有前后两个院子。门前就能看见伸延到山脚下的村落。前院是用木柱子加土墙修建起来的房子，桂珍说她年幼时还参与了筑墙的工作。后院有许多树，其中三棵上百年的核桃树和一棵棠梨树、一棵梨树、一排酸木瓜树，它们的年纪都很老了，和前面的老屋一样老。高高的核桃树下堆着几堆松毛堆，一间有点歪斜的木垛房是羊子的家。

这座老屋从前人丁兴旺，住着桂珍的爷爷奶奶，我外公的六个弟弟妹妹以及家眷。老屋里还有一个木炕，炕上有个常年不熄

的火塘，吃饭时就在火塘上面放一个三脚架，三脚架上架一口直径 50 厘米的大锅。家里只有一把大勺子，据说也只有这把大勺才镇得住这口大锅。谁要盛菜，就把大勺子顺着锅边哧溜一推，滑到对面，用不着递来送去。

桂珍说，从前家里人口多，吃饭也只有一道菜，锅里面煮的不是洋芋就是干板菜，顿顿都是。只有天暖后会有例外，那时可以在山里采到竹叶菜、雪菜和蕨菜，大铁锅里才会丰富起来。

冬日巴迪极冷，潮湿的冷，离开了火塘就会瞬间觉得冷入骨髓。其实冬季的金沙江是温柔敦厚的，但若站在门外，常常是还来不及返身回屋，就会被突如其来的山风刮到灵魂出窍。我想这山风并不是贸然而来，大约是和那一波未平一波又起的金沙江水好上了。

有一年春节我回老家，刚上山时天气还晴朗，忽然之间，初母初一神山的雪就飘了下来。太阳在一分钟之内消失，乌压压的云压得低低的，初母初一神山早就隐入黑云不见了。我在丽江玉龙雪山见过下雪，和巴迪下雪一点也不一样。玉龙雪山下雪是一片白茫茫，五步开外就看不见人，要等一阵大风过去才能看清。巴迪下雪，就像天压了下来，午时都是黑漆漆一片，在田里干活的不点上松明火把就要在黑暗压抑中摸路才能回家。

在巴迪的冬日，能够支撑我离开被窝的，也只有那沿江而生的柿子树。

我对柿子的喜爱不仅仅是光看的喜爱，我想把它摘下来，咬

上一大口，里面会蹦出许多甜甜的、红红的汁水。

当我问桂珍它们可不可以吃，桂珍告诉我，她小时候去摘过，但是那柿子又涩又苦，在那种没有食物的年代里都难以下咽，我这从小温饱无忧的人要是吃，怕得跳脚。

我至今不以为然，觉得桂珍在骗我，她只是不想陪我走很远的路去摘柿子。那么好看的柿子，怎么会不好吃呢？这是任谁都难以相信的事情，所以我就总问桂珍它可以吃吗？为什么它这么好看却又不好吃？开始桂珍还苦口婆心劝我，几天以后她厌烦了我的执着，就说："你自己去摘吧，去吃吃看吧，不见棺材不掉泪！"

她这么说的时候，我就想起2009年的中考。当时随桂珍工作变动，我家已搬到瑞丽市。成绩出来了，上高中差3分，因听信同学互传的风言风语，觉得这种成绩是不好在高中读下去的，直到"三天打电话五天请家长"的大限来到，我仍誓死也不愿意上高中。

那段时间，桂珍苦口婆心、语重心长、掏心掏肺地劝我一定要上高中，被劝烦了我就威胁她，"若是上了高中，废掉可不怪我啊！"就这句话，把桂珍唬得一愣一愣的，只能顺从我。打小，我的脾气就倔，大多事认死理，旁人说的再头头是道，也不理会。桂珍总说我，这臭脾气，倔就算了，还不承认错误。细想之下，我真的应了那句老话：鸭子死了嘴还硬。

我想桂珍一定是怕我了。青春期，我常以一些极端的手段来

威胁她，逼她向我就范。所以，后来我就在本地上了五年制大专的师范，学绘画教育。而在此之前，我从没画过画。

上初中时，我疯狂爱上小说，桂珍接受不了我的痴迷。她认为在十几岁的年纪，看《霸道总裁》《爱上我》之类言情小说会对我的爱情观造成不太好的影响。她不让看，我就躲着她偷偷地看，上课也偷偷看。我坐第一排，就在讲台的正前方，只要抬头，就能跟老师深情对望。某日，东窗事发，虽然没有老师的小报告，我还是被桂珍极严厉地训斥了一番。当天，我负气离家出走，甩手就走，头也不回，钻进出租车就直奔江边广场。

江边广场初建，泼水节万人狂欢的那块地当时还在施工，江边建起的高坝前面还是一片芦苇荡。我勇往直前地穿过芦苇荡，把当时正在看的小说扔进江里，心想不让看就不看，至于这么狠地训吗？到现在都还记得，那晚的江风很凉，我的头发被吹得乱飞，芦苇絮黏在眼泪流淌的脸上，当时觉得自己就像在拍偶像剧，忧郁美好到不要不要的。

在我沉浸于少女纷乱的内心时，桂珍正满世界找我，当通过出租车调度总台得知我往江边广场去了，她和我想到的一样，就是那片芦苇荡。

后来桂珍说，那片芦苇荡里要是死个人，好多天都不会被发现，如果孩子投了瑞丽江，顺着江水漂到缅甸伊洛瓦底江去，那就找都找不回来了。

当桂珍还在芦苇荡里又哭又喊时，我已经坐在家门口两百米

开外的大树下了。看着灯火通明的家，心想这下尴尬了。走的时候也没想回来会这么难，早知道当时把书扔垃圾桶得了，也不晓得当时自己为什么就要把书扔江里，都是非主流心理惹的祸啊！

两个多小时后，正唉声叹气时，桂珍回来了。见到我，一句话都没说，只用手指了指家的方向，示意回家，从此，再没提过这件事。

后来很多人问桂珍，为什么不对我采取一些非常手段，怎么就任由孩子放任自己。桂珍笑笑说："她那么威胁，我害怕。"

那时候，用离家出走和一句狠话是唬住了桂珍，可也消耗了我自己，以至于二十几岁我还在白天黑夜地背着初中单词。

2014 年底，因桂珍工作调动，我家搬到昆明。新的生活环境给了我对自己新的认识，我开始对自己的学历羞于启齿，开始明白了一些从前听过的家常道理。

我想，这算是开始长大。

2015 年，我去报社实习，年底又到一家培训机构教小朋友画画。这一段时间我学会了反观自己，这辈子是否就这样混下去?

每天早晨，在上班的地铁上我都会思考。我从来不喜欢画画，学了五年的画，却从没说过一句喜欢这专业，更没画出过一幅像样子的画。我开始对学过画羞于启齿，像羞于启齿我的学历一样。想来，这五年我是有愧的，对自己，对桂珍。

事实上我没有任何爱好，一直以来对生活没有目标、没有规划，从来都是走一步算一步。想到这，我就觉得地铁里夏天的空调比巴迪下雪天还要冷，冷到头疼想吐。

2016 年初，跟着培训机构的老师去新加坡。虽说一路吃吃喝喝，玩玩乐乐，但走出去后的大千世界真的让我视野开阔，回昆就觉得自己还是应该接着读书，随即下定决心考研。

这一年也是我长这么大以来最难熬的一年，虽说目标是有了，但这条路却陌生得很。曾经一度扔掉单词本和草稿纸，折断圆珠笔，伴着嘶吼和眼泪一遍一遍地后悔，后悔曾自以为是、洋洋得意的过往。

成绩出来，和我预料的一样，英语没过。

决定了，2017 年，再考研。我要做一次对自己真正负责的拼搏，考上皆大欢喜，若还是没考上也不后悔。这两年里学到和悟到的东西不仅是书里的，还有不用言说的。

该读书时不读书，给我带来的后果不想重提，这如桂珍说的涩柿子又多了些酸和辣。我想，该学乖一次，老话说得好，不听老人言，吃亏在眼前。

桂珍在我悔不当初的时候跟我说过一句话，世上没有白走的弯路。现在终于明白，当时不是我用一句话唬住了她，她并没有被我威胁到，而是我的桂珍，我的妈妈晓得，哪怕绑着我去上了高中，多年后，我也不会明白人生的每一步都要自己走。妈妈想告诉我的从来不是不听老人言，吃亏在眼前，而是南墙就在这，你不撞，它永远是一道墙，兴许你一头撞过去就把自己撞清醒了。

来年再回巴迪，我一定要穿过田垄去尝尝那些柿子，那些流淌着故乡蜜汁的柿子，在对的时间里，对我这样的游子，那些果子历经晚秋的冷霜，再让冬天雪冻之后，应该会又甜又红。

桂珍没有尝到的，我未必尝不到。

莲花香

邦外莲花

11 月的邦外，早晚已有稍稍的凉意。秋葵、豆角与丝瓜还在棚架上，特别是丝瓜偶尔还绽出一朵朵小黄花，完全不顾马上就要来的冬寒。而蜻蜓、蝴蝶准备回家眠觉取暖了，因为早霜和白雾会打湿它们的翅膀。树叶还没有落，果实都已入粮仓，我思念邦外的清霜和山雾，我已经很久不曾回去这生命的故乡了。

我把空茫的思想漏出一道缝隙，顺着这道窄长的缝隙回到邦外，听见山风轻诵着李腊翁老人哼过的德昂古歌，听见新时代的号角吹响德昂族新村的颂歌，听见德昂亲人们幸福的欢声笑语。

记得 2008 年第一次进邦外，是在雨季。当时在三台山任副乡长的族亲赵腊卓开着一辆昌河面包车送我进去。那时进村的路还是一条窄窄的土路，平坦的地方被连日的雨水浸泡成泥潭，坡

陡的地方又被冲出深深的泥沟。车在路上走走停停，幸好腊卓有经验，带了砍刀和锄头，我们一路走，一路遇水开沟，遇沟填土，泥沼浅的地方我们就砍来飞机草厚厚地垫上。飞机草有个蛮高雅的学名叫紫泾泽兰，据说是外来物种，有滋有味地遍布在德宏的大地上。凡是有泥的地方都可以生长出来，一刀下去砍倒一片，填路上的稀泥还是蛮顶事的。生生地在车轮后面开出一条新路，还是遇上了两个人根本推不走的地方，只好坐在路边等过路的人来帮忙。

滇西的雨季，晴几阵，雨几阵，才过得完一天的光阴。海拔1170米的亚热带丛林之中的邦外，雨水充沛，气温宜人，适合种

烧白柴节

芒市滇缅公路三台山段

植甘蔗、茶叶、香蕉等作物。德宏出产的优质白糖，就是种在这温润的大地上。人家住户分布在群山四周，村中多竹，远远地望去，就以为这是一个生长在竹节上的村庄。浓荫掩映着木楼，只有风吹过，才显露出茅草顶、青瓦顶的人家来。这个被绿色隐藏了的村庄，距乡政府只有 8 公里路程，我们在 2008 年雨天的泥巴路上和昌河车一起走了 11 个小时。

那天，到邦外天色已近黄昏。在村口遇见的第一人，是个精神上有疾病的女子，她穿着破旧的传统德昂族主妇衣服，站在长长的坡道上，黑油油的长发凌乱地扎在脑后，笑嘻嘻地看着我们。我在她装满笑意的脸上，看不出什么不对劲的地方，误以为她是专诚来路口迎接我的未来友人。

她也如同早与我相识，一边走在前面仿佛在为我们带路，一边喋喋地讲着德昂话。我听不懂就转头去看腊卓，想在他那得到答案。腊卓眨巴眨巴地向我挤眼睛，眼神里全是不能解释的无奈。我不明就里，只好在她也转头回来看我时报以微笑。我递给她可乐，她拧开瓶盖一口气就喝干了；我递给她面包，她三口两口就吃完了。因为无法用语言交流，我只好凭着她的笑靥理解她，多纯粹的一个女子呀，就算今天，我想起她的笑容，我仍觉得她是多么质朴可亲的一个德昂族女子。

后来我才知道，她父母早亡，哥嫂外出务工，独自居住，清醒时还可自理，也会收拾打扮自己，犯起糊涂来会又哭又闹，会驻足在村口找人听她喋喋不休地说话。那天她正犯糊涂，我正好进村就遇上她，做了个乖巧的听众。她平时生活靠村委会和邻里照顾，再后来，哥嫂回来了，她也有了残疾人生活补助，生活得更好了，只是依然会在犯糊涂时去村口找人说话。这许多年又过去了，不知她是不是还笑得那样好看。

邦外有一座古老的寺庙，我们叫庙为奘房，里面住着我们的释迦牟尼佛和众神仙。

建庙的人已经找不到了，连个传说也不曾留下来，更别说姓甚名谁。庙宇建得宽阔，逢年节和赕佛日，这里就聚起祈神拜佛的人众，人们在里面讲经说法，商量族中事务，也会在此宣传防疫知识和政策法规。据说某年曾遇火灾，庙宇和诸神尽被毁。但在德昂族寨子里，奘房是人们心中的圣殿，从来不可缺。新建起的奘房到如今又是许多年了，诸神还在。

虽然那天爬了高山和陡坡，走了泥路，滑了几跤，但我不累，

我让夏夜的飞萤在背上点起灯，坐在奘房的油灯下看驻寺的住持用白绵纸写傣文的经书，听他汉语一句德昂语一句地讲佛经故事。我偷偷地用厚厚的幕帘遮蔽起自己的俗气，那一夜，等着所有虫子都入睡后，拿一本经书来诵读，以此宽恕自己。那时候，我想了许多，想那庙里曾经有过什么神，护佑过多少黎民百姓，想是不是每个人心里都会有块干净的地盘，给自己建着一座庙宇，供着一个神仙。其实，只有在这无人能及的角落，有山有水，有最

初的理想，有最终的愿望，有时光的花朵，有季节的芬芳，也有百转千回后的寂寞和孤凉。

夜半，下起小雨，青草湿透了，泛出野菊花的香气。连屋子里的棉被也透着洇洇的气息，仿佛阴沉得要落下泪来似的。等雨停时，天地氤氲，点点流萤飞动，整个山谷迤逦在翠绿之中。还有一轮撑着彩色雨伞的月亮忽隐忽现，非常不真实地照出明晃晃的光亮。我静静地坐在露台上，听见萤火虫翅膀划过月光凉凉的声音，听见丝瓜在竹篱上嗖嗖生长的声音，听见莲花穿过深水探出蓓蕾的声音，听见自己扑通扑通心跳的声音，黑暗中，又响又亮。

只有回到刻有德昂名字的土地上，无论陷入如何的执念之中，我才有将所有欲望都归零的勇气。欲望归零是一件需要与生命并齐而行的事，对我这样的凡夫俗子来说，也许至死才能完成。

早晨醒来，入目的是雨水洗翠了的晨光和在群山中发亮的村庄，灰喜鹊的翅膀和云雾沾染过的竹叶，几支毛茸茸的鲜笋冒出竹丛，一群水牛在放牧人吆喝声中走向山道，那山道其实是一段世界闻名的公路遗址。

邦外村旁，这条滇缅公路从印度东部小镇雷多起，经由缅甸密支那、八莫、南坎、甘拜地分为两线，经由畹町、腾冲猴桥进入我国的史迪威公路。邦外村外这条伟大的生命线遗址，在岁月的悄无声息里慢慢老去，但从这条路上走过的深深车辙和脚印，永远地驻留在我们心中。走在爬满杂草的路上，还可以看见当年镶在上面的石块，沥青渐渐剥落之后只露出一些碎沙石。腊卓站在山巅指着远处的这条老路说，总有一天，这里会变成人们寻找历史痕迹的地方。那时候我们脑子里没有乡村旅游这个概念，但腊卓已经有了把邦外变成旅游热点的思维。通过腊卓，我对乡镇干部有了初步的了解，农村基层工作要求他们十八般武艺样样精通，作为本民族的乡镇干部，他对三台山乡的村村寨寨了如指掌。

簸豆

写到这里，我忍不住与腊卓通了个电话。他当年的思路现在变成了现实，全国唯一一个德昂族乡现在已经成为网红打卡地，出冬瓜的酸茶也已远近闻名。原来的邦外村现在叫邦外老寨，这说明邦外又建立了新寨，宽敞明亮的水泥路早就替代我记忆中的那条泥巴路，乡与村之间，村与小组之间，小组到户都已经修建起了水泥路。邦外有了新寨、新房、新车和新的思想。腊卓当年描绘和向往的新农村景象，在国家脱贫攻坚战略推动下，来到了我们眼前。

说起邦外的产业发展，我才知道坚果、甘蔗、西番莲、茶叶、菠萝等经济作物已经成为主要种植物，这些作物让村民曾经贫困的生活得到了改变，让人们富起来了。邦外的人们在一些作物的种植上，还坚守着传统的种植方式，还坚守着种子无限自由繁殖的古老逻辑，邦外的瓜瓜豆豆还自由地繁殖着自己特有的基因细胞。我这样关心种子，是因为我害怕蜜蜂会把古老植物的香味遗忘。就像我已经忘掉旱谷粗糙的口感，忘掉它特有的谷香。忘掉一件事物并不影响我们前行，每一种植物，都有他成长和变化的过程，而这是个被需要、被放弃的过程，充满着悲伤。

现在腊卓已经调离乡镇府，但说起三台山，他仍是满满的情怀，说起邦外仍是那山那水那里的人。

德昂族歌手李腊翁家就在邦外，2008 年的那次邦外行，我没有见到心心念念想见的歌手，他外出了。直到 2013 年 10 月第二次进邦外，我才见到他老人家。我怀着把老人们唱古歌的情形录制下来的愿望，从瑞丽去往邦外，远远地我就闻到人亲骨头香的味道。

他清瘦，中等个头，穿着最传统的德昂族服装，花白的头发和胡须，腰稍稍有点弯，在他平静的脸上看不见时光磨难的痕迹，但他的眼中盛满沧海之水和智慧之光。这位 1928 年出生的德昂族老人，站在他家的小院子的竹篱边，带着一种灵魂微笑等我，我焦躁浮动的心得到莫名的安定。篱笆架上爬着密密麻麻的藤蔓，我像一只落在枝蔓花叶上的蝴蝶，想用我仅有的一生去读懂老人

家留下的文化富矿。

李腊翁老人用一生的情怀创作和歌唱德昂族文化，1200 多行的《达古达楞格莱标》是老人家为我们守护着的历史。他在火塘边唱过的古歌，是母语流淌出的涟漪，是血脉相遇后的相拥。他创作的《你变菜，我变锅》，在每个失眠夜晚，像等待星星绽放的愿望一样温暖着我。你变菜，我变锅 / 你变白米，我变甑子 / 你变布匹，我变针线 / 你变树木，我变春风 / 你变青草，我变露水 / 你变花丛，我变蜜蜂 / 你我心心相随相印，时时刻刻不分不离。这样朴素的语言，生动的比喻，把生死相随的忠贞生活化，是我永远触及不到的爱情。这首《你变菜，我变锅》获得了第一届全国少数民族文学奖，为后辈打开了文学创作的门。

2017 年 3 月 18 日 11 时，李腊翁与世长辞。

我在生命终结、记忆消失的恍惚中，感悟他写过的诗篇，仿佛他老人家坐在入睡的床前读着他自己。夜灯将他的身影印在窗前。而窗前是他为我们打开的广阔天地，晴天的故事，雨天的诗句，欢时的笑语，悲时的歌声，遥遥地照映着我们的世界。

2020 年的冬天，我站在时间的岸边，思念邦外的草木、河流、山川和寺庙。每个人的生命最终都会进入睡眠，带着孤单和困顿，这是我们用一个孤单摆脱另一个孤单。

江河岁月长

苞谷沙沙饭

我仔细观察外公的手，是一次他在煮饭的时候。

他的手掌硕大，指头短粗，指甲盖很大，看起来坑坑洼洼，却修得很短，刚刚没过指尖的肉。他手掌上的掌纹很深，深到这些纹缝都成了黑色的细线，像小虫子一样爬满他的手。他一做事情，小黑虫就跟着动起来。

指尖上的黑虫子最多也更深，那是因为茧子生得厚了，长时间劳作后裂开的。

我曾以为是因为他不洗手才会留下这样难看的黑虫子在手上，后来我才知道，多年以来洗碗这事是他承包了的。家里烧的是柴

火，锅底烧得黑乎乎的，我不小心碰到过一两次，一样是黑乎乎的陷进肉缝里洗不掉。

洗碗做饭，就变成了我最讨厌的事。

如此耐心的观察着外公做饭，是因为那天我从学校回家，一路上什么都没吃，又饿又累地坐在厨房门口看着他忙进忙出。学校离我家在的城市有 90 公里，我家离外公家有 20 公里，去上学以后回去看外公外婆的时间越来越少，好几次想到该回去看看了，可网吧里的游戏总让我想，没关系的，下次再去看他们吧。

其实，让外公给我做饭，我的心总是慌乱的，即使安静地坐在厨房门口，也总偷摸儿往厨房里探脑袋，看看外公是否悄悄往白米饭里添一勺苞谷沙沙。除了焦急地等待着吃的，我还得监督着些。

外公从小在上江老宅子里吃惯了苞谷沙沙，外婆也对此深恶痛绝，所以他就自己煮饭，一个甑子里，一半白米饭，一半苞谷沙沙。外婆吃白米饭，他吃苞谷沙沙，就这样，几十年来一起过着“各自”的日子。

我不喜欢苞谷沙沙，外公吃的苞谷沙沙可不像我后来在怒江吃到的苞谷沙沙。糯苞谷一粒粒地剥了皮，用火腿、芸豆、笋丁等等一起熬煮，苞谷煮得软软糯糯，每一种配料都浸入了火腿的香味，我可以吃完一大碗。外公的苞谷沙沙是巴迪老家的主要粮食。把苞谷晒干，然后磨成沙粒一般的大小，吃的时候没有任何特别的加工，放到甑子上蒸熟就可以直接吃。

外公常在饭桌上表情严肃，声音低沉地要求我吃上一大口，美曰其名为健康的食物。可是那滋味不比直接吃沙粒好多少，满嘴跑着的小颗粒怎么也嚼不细，要是想直接吞下去，至少要一碗汤配着，和着汤水也能感觉到沙粒滑过食道的异样感，我真的很不喜欢。感谢时代的进步，苞谷沙沙这样的粮食逐渐没有了市场，就连巴迪老家都吃上大白米饭了，苞谷沙沙再也买不到了，我终于得到了解脱。

后来妈妈心疼外公吃不到喜欢的东西，只能在超市里买磨成粉的苞谷粉来安慰外公，即使口感、味道和他所钟爱的苞谷沙沙相差甚远，外公也吃得很开心。

外公的包容性极高，性情也一直是敦厚温和的，当然要排除掉让我吃健康的苞谷沙沙和动他的账本这两件事。

有一次我动了家里的账簿，他在院子里追着我讨要，我叫嚣着、挑衅着在院子里跑着，让他追逐我，我只当这是一场游戏，欢乐得没了边儿，一点也没发现外公已经真的生气了。

他第一次打了我，事实上也就是拧了一下耳朵。我被拧痛了，哭个不停，他蒸了一锅苞谷粉加了白米的苞谷饭，撒上了白糖想来哄我开心。吃苞谷沙沙是一件严肃的事情，想必吃苞谷饭也是一样的，我不敢再造次，乖乖吃起来。

后来回想，那是我吃过最好吃的苞谷饭了，香香甜甜，软软糯糯。外公去世后，我越来越怀念苞谷沙沙和苞谷饭，只是苞谷沙沙已经普遍成为鸡食，能在买饲料的地方买到，但我总不好真

艾傈木诺（中）和老人们

的去吃了鸡食，就买了苞谷粉回来蒸吃，可是尝试了好几次，调整了米饭和苞谷饭的比例，试过电磁炉、火炉甚至跑回外公家烧火用甑子蒸，怎么都做不出外公的味道。每次失败都只能后悔，外公还在的时候怎么就喜欢打游戏呢，还不如多回来吃几碗苞谷饭，也不至于像现在这样馋得口水和眼泪一起流。

人啊，总是在做让自己难堪的事情。

扁担与斧头

上小学前，我常年住在姐相和外公外婆一起生活在道班里。道班是个修桥工队，“文化大革命”前就开始工作，修了好多我叫不上名的桥，我也不认识那些桥。据外婆说，早些年外公修桥修到双江时娶了她，后来又修了好多年的桥，妈妈都长成大姑娘了，这才修到了瑞丽，自此也就在瑞丽姐相安家。

姐相是个傣族寨子。寨子的生活圈基本围绕着一条公路，这公路从城里一直延伸往国境最边上的弄岛。弄岛再出去，就是缅甸了。

在姐相生活的日子里，那里大多农民都日出而作，日落而归，只有道班院子里住着的这些老人们不大如此，他们大多没了另一半，儿女都到城里工作，唯独有个孙子孙女伴着。生活中好像除看着孙子孙女们玩耍，就不再有其他事情了。此外也除了我的外公外婆，院子里只有外公外婆的日子能算得上是在过日子，家禽、牲畜和菜地每一样都不落下，以至于妈妈在城里买好房，他们也不愿意搬走。

有些时候我就会和外婆上菜地里去忙活，外婆忙活，我就负责抓肉乎乎的白虫子来玩。外婆地里的韭菜长得细细长长，看起来像是营养不良的样子，切碎后搅拌进鸡蛋液里去煎，特别香。

此刻我不敢再去回忆描述，夜太黑了，面包不足以安抚我味蕾上的思念。

道班的住宅区和办公区是两个大院子，中间隔着两个大鱼塘。水井只有办公区那边才有，因为道班的领导们都住在了办公区。连着两个院子的鱼塘中间有条小道，只能人走，手推车过不去。每次他去打水，都得推着手推车绕行一段公路过去。

有些时候就坐着外公的手推车和他去旁边的院子打水，车上堆的水桶排得很满档，他就把我放在大水桶里推着去，回来的时候水桶都盛满水了，我就坐在推车的长长的手柄上。

我养的第一只小狗，就是外公带着出去遛弯时在马路上被车轧死的，所以每次和他去拉水，他都把我放在车上。和外婆去上街时，他也一再强调，拉好我。

除了外公的手推车运水，外婆也常跟着去担水，外婆用的是扁担，两边各一只铁桶，摇摇晃晃地担着水。这些水通常都是我的洗漱用水。我不回去时，外婆就不用这般辛苦。

我就吵着闹着要自己担水，觉着就这么两桶水，自己一定能行。外婆闲我吵闹，去的时候就把扁担上的链条回扣起来缩短长度，让我担着空桶去。

吵闹着担水好几次，外公就砍了一根竹子，给我做了一个小扁担。竹片削得光滑，从没磨到过我肩上的皮肤。两边挂水桶的链条也是他一环一环扣起来的。外婆给我买了两只新的小铁桶，我终于能自己担水洗澡了，尽管这水被我摇晃得溅出来洗个

脸都不够。外公也总是夸我，我们家小菲厉害，都能自己担水洗澡了。

小时候我特别喜欢水井，没什么原因，特殊偏好吧。

我们那里的水井和别的地方的不太一样，不是那种和地表同一水平线的水井，是用石块垒砌到成人腰部这么高。打水的工具是两根长长的竹竿，一根竖立着，深深地扎进地里，我觉得那根竹子仿佛是为了给人们打水特意生长在那里的。另一根竹竿被拦腰绑在竖竹竿的最高处，尾部绑着几块砖或其他重物，前面再绑一根细竹竿垂下来，不扎进地里，绑一只水桶。

拽着细竹竿把水桶伸进井里就能打水，水上来的时候不必用力，后面绑着的重物自然就能把盛满水的水桶带出来。

这一环节，我总是看不够，也很好奇，水桶进去多长才能遇到水呢？我就搬些石块垒砌起来，踩在石块上把头伸进水井里，想看个清清楚楚。

井里清凉，夏天的时候趴在井上，对着井里唱歌，满脸都是凉意。

外公怕我掉进井里，拽着我的后衣领就给我拎下来，拎下来我又上去，石碓推掉我又垒起。

后来外公告诉我，每一口井里都住着一条大龙，我总对着井里唱歌，太吵了，吵醒了大龙会被吃掉的。这样的故事类似于妈妈骗我说小朋友夜里不睡觉，就会被穿着黑衣的老巫婆抓去吃掉，很没新意，但得心存敬意。

奘房里的古钟

自此，我也就不对着井里唱歌了，只是还是趴在井上静静地看着水，看看什么时候能飞出一只大龙来，大龙又是如何蜷缩在这小小的井里。

印象中，外公最常待着的地方是院子里的柴房门口。柴拉回来的时候都是粗壮的树枝，都得他一棵棵砍断分块之后再晒干，才收入柴房备用。

我也有一把外公自制的小斧头，与小扁担的发生类似。重要的是，为了方便我手起刀落，外公特地去打铁处同铁匠学着给我打了一只适合我大小的斧头，虽说不精致，但不影响它的锋利。与扁担不同的是，我强烈要求过他在斧头上刻下我的名字。他不识字，找了院子里的一个才疏学浅的半吊子给我刻名字，结果半吊子也不认识“菲”这个字，愣是给我刻成了“飞”。我找他理论，他说没见过这个“菲”字，“飞”字的寓意多好啊，指不定将来还能飞上枝头变凤凰。

那时我还是挺开心的，凤凰在童话故事和神话故事里总是美好的象征，小斧头使用起来也是挺开心的。现在想来，那半吊子怕不是在讽刺我，又或者他自己都不知道这句话里的讽刺意味。

刚出生那几年我不叫现在这个名，唐菲是外公给起的名字。

说回砍柴这事儿，我对它的喜爱不亚于水井和捉虫子。外公把大柴块都分解好以后，我就在边上给他晒柴块，劈好一块手臂粗细的柴块，我就把它抱到院子里的阳光下。接着从柴房里拿晒好的柴块把它分成小细枝，引火的时候配合着明子一起用。小斧

头似乎比小扁担派得上用场些。

一会儿劈小柴块，一会儿搬柴块去晾晒，左右忙活跟大人似的，晚饭总是能吃得多些，外婆也高兴。

最欢喜的是日头最高时的糖水罐头。

往常的夏日，吃过晌午后，外婆会把妈妈给她买的罐头泡进井水里，下午干一会儿活路拿出来吃，简直是消暑圣品。那本来是外婆喜欢的罐头，妈妈每次回来都会买很多，最后都进了我的肚子。

后来上学后变成每周回去一次，外婆就把罐头留着，等我回去才会吃。再后来变成了半年回去一次，罐头留不住这么久了，想吃一次得看运气了。

后来的后来，这罐头停产了。

渐渐地，我回去得少了，外公外婆用油毡代替了我劈的小细柴，我再也没有去担过水。外公外婆住的院子里修起了水井，我却不再趴在水井上等大龙。

外公为了让我常回去，回去后能待得久一点，就在我小时候爱爬的那棵树上给我搭了一个秋千。

我总跟他们说放假了就回去，可外面的世界太丰富了，我有数不尽的朋友，有去不完的玩乐之地，有吃不到头的美食街。那些曾让我整个童年沉甸甸的事物都消散殆尽，我喜欢上了不在我生命里留一丝色彩的事物。

那时候我从未觉得扁担、斧头和秋千遗落在尘埃里了，连着

外公和外婆也一道遗落在尘埃里了。那些生命里有太多太多留不住的事物，一部分来自我们的欲望，不切实际，也本不属于自己命理；另一部分我们生来就有，但不知其珍贵过世间万物。

直到我十六岁那年的中秋节，外公离开了。我哭了很久很久，才发现，是我先离开了他们的。随之而去的还有我的小扁担、小斧头和秋千。与他们有关的一切，只剩下了少得可怜的、会咬心的回忆。

外公一辈子，没给我讲过大道理，除了念叨做人要诚实，说得最多的就是对毛主席的敬仰了。他说得不清楚，我也不大愿意听，和院子里的小伙伴捉蝉更有意思呢。为了把我留在他的火塘边，外公把毛主席的英勇故事编成了歌来唱，我还是没被吸引住，倒是一起捉蝉的小伙伴们听得津津有味。

前些年，外婆也离开了。

此时顿悟，却再无门哭诉，只有江河与岁月，留着长长的痕迹，证明他来过，又走了。

白寨咖啡

说咖啡，得从头说起。

说咖啡与德昂族，得从白寨说起。

咖啡的故乡

世间有千千万万种植物，它们都有生命的原乡，而许多生命的繁衍，都曾经有过漂泊、迁徙、扎根、生长、凋落和灭亡，也就是原地生根或落土异邦的奇迹。

就像咖啡，它是舶来物种，它出生在非洲东部埃塞俄比亚山谷之中，它与故乡有着千山万水的距离，与我们却是伸手可得的

咖啡豆

亲密。

某个冬日的午后，暖洋洋的阳光下，立在窗前，手捧一杯暖暖的咖啡，心里会充满万千的感激。

那一刻，是神圣而奇妙的。

有时候让我参透的不过是事物某个细微变化，让我泪如雨下的又恰是某种植物的粉身碎骨，正如盛夏的一盏凉茶，冬夜里的一杯咖啡。若要细细追溯，哪一个不是有血有肉、有灵有形地来到这红尘人间。

咖啡在时光的风霜中传播、生长，从一株有魔力的树变成了经济作物，变成了一部分人养家糊口的口粮和一部分人精神企盼的心灵高地，最终还成为世界第二大贸易品。咖啡从商品身份到精品价值，成为联动人类的世界文化。

咖啡是何时诞生于植物群芳之中，我们无法考证，它的出生年月日至今都还没有出现在记载的书页上。但是从一个牧羊人放牧的一群会跳舞的羊子开始，咖啡以它奇异的宗教神秘和药用魅力以及贵族身段，弯腰成为平民化饮品，这之间经过了两千多年的时

幸福新婚

光磨砺。

到今天，随着不断的迁徙和生长，咖啡也有了回不去的故乡，它们长成了阿拉伯咖啡、哥伦比亚咖啡、巴西咖啡、牙买加咖啡、印度咖啡、越南咖啡、中国咖啡，它们从埃塞俄比亚走出来后，遍布 76 个国家，衍生成 80 多个品种，落在一方水土，便抚育着一方人。

植物学论上咖啡属茜草科，是茜科家族中一种常绿灌木。

风靡全球的有 3 个品种，即阿拉比卡种、罗布斯塔种和利比里卡种。

阿拉比卡种产量最多，占世界咖啡产量 70%；罗布斯塔种约占 30%；利比里卡种产量极少，也鲜为人知，在亚洲有记载的只有台北植物园中还有几株利比里卡咖啡树。

阿拉比卡咖啡树已经有 700 多年的种植历史，并衍生出许多

德昂族女孩

新的品种。主要有铁比卡、波旁和古老的原生品种。铁比卡是阿拉伯原种咖啡，由荷兰人带到欧洲，经温室培育并传播到亚洲、中南美洲等地区。波旁品种由法国人在印度洋的波旁岛种植，经自然变种，成为当今咖啡家族中一支重要的血脉。

这些品种都在生长地的泥土、阳光、水汽、风速中又繁衍出一代又一代的新品种，它们在时间的长河中，终将成为那片土地的原住民。

有流传说，波斯人早于阿拉伯人发现咖啡，并带回波斯国。

也有说印度人巴巴不丹偷了 7 颗咖啡种子，贴在肚皮上带回南印度，种在他的故乡迈苏尔山区。如今，7 颗咖啡种子的后裔仍生长在荫郁的树林下，繁茂绵延，成为印度咖啡种植之最，并在那里得到一个新的名字老奇克。

1852 年，荷兰某市长为讨好路易斯十四，从阿拉伯半岛的摩卡港护

丰收

送一株咖啡苗漂洋过海。路易斯十四非常喜爱，特意为咖啡苗建造了温室，并由专门的植物学家照料培育，这就是咖啡传说中那棵“贵族树”。

这株由温室培育的咖啡品种就是阿拉比卡种的起源，在云南，我们又给它另一个昵称，叫“云南小粒咖啡”。

但真相早已随着时光的洪流，埋没在一个一个的浪花中，我们早已无从打捞咖啡最真实的简历，也求不来所有的真相。

咖啡的古原生种无疑仍生长在古老的埃塞俄比亚、也门、印

水鼓

度等咖啡古国，在那片故乡的泥土上，它们仍保留着如醇酒般最初的原味吗？原味如何，我永远不可探求得来。

人到中年，心里便多了些脆弱，多了些遗憾。脆弱可以找些由头来填补，遗憾就来得没有道理了。我遗憾咖啡没有成为《诗经》里的植物，如若它静悄悄地伫立在蒹葭之旁，那样的景致定会香浓四散。

又再遗憾咖啡没有进入唐诗，不曾被古人拎进句子，不曾让我们从久远一路吟唱而来。幸好阿拉伯有一首叫《咖啡颂》的诗歌，填补了遗憾和失落，咖啡总是有人记录的。

最大的欣喜是许多经典名著是在咖啡馆写出来的，因为咖啡有了咖啡馆，因为咖啡馆又有许多故事与爱情发生。

据说有一位意大利医生兼植物学家绘制了一幅咖啡植树的版画，很具体形象地描述了咖啡，这幅版画应当就是咖啡最早的肖像了吧！

也就是在那个时期，咖啡在人类世界被视为是特别的、难得的、独有的、珍贵的，足够享尽人类给予它的珍爱。

人与食物，其实就是生命的两端。

在现世安稳的今天，粮食是一端，茶与咖啡也许就是另

一端。

每一棵树都是种子，每一棵种子都会成为树。

咖啡就是一棵小灌木，长在高高的山坡上，树叶长青，开细碎的小白花，结出红色的小果实，成熟后的咖啡果在没有脱壳前是甜的，甜得咖啡经销商自信任性地策划出初吻咖啡。

就这样咖啡从出生地走出来，绕着地球走了一圈，在南北回归线上一路走一路落地生根，长出一个世界咖啡市场。

在这万物世界里，种子用它的力量，养育和抚慰着人类。

咖啡的迁徙史是一个传奇史，又是一幅社会景象图。它把世界文化和世界经济生动地联系在一起，于是这世上就有了咖农、咖啡经销商、烘焙师、咖啡制作师、咖啡馆以及在咖啡链上讨要生存的所有人，在冲突与融合中有了每个街角飘散出来的咖啡香味。

我人生的第一杯咖啡是在缅甸一个亲戚家喝的速溶咖啡，至今仍记得那混合浓香的余味，久久地飘舞在我物质生活匮乏的童年不肯散去。

第二杯在首都机场，1995 年夏天，98 元一杯的蓝山咖啡。这杯被标上牙买加蓝山咖啡的余韵，是许多岁月滑过之后，我再也不曾寻回来过的香味。

咖啡的传播离不开宗教，以咖啡传到中国的路径为例，我们有许多与咖啡有关的故事。

我总是纠结着咖啡的最初，以药的身份来登记人间。它曾是

兴奋剂、神经刺激剂、催情药、灌肠剂和长生不老药，咖啡中的咖啡因一直是被广泛应用的精神病药品。

也许药是咖啡的故乡，宗教是咖啡的故乡，第一幅版画肖像也是咖啡的故乡。

走过前世今生，咖啡就是一个可以寻找着返回的故乡。

咖啡与药

我坐在书桌前，目光从一堆咖啡资料中移出来，发了会呆。

每每想到咖啡，我就不由地想到药，想象到它在《本草纲目》中线描肖像画的样子，事实上咖啡永远不会在《本草纲目》中有一幅肖像画，这种思维意识也许是病态的，有了这样对咖啡的怀疑，我反而很快乐。

咖啡最初的身份是药，治病救人的药。

让羊群欢快蹦跳的咖啡因，一剂传世还魂药。

牧羊人卡迪尔发现了咖啡的快乐，并把这种快乐推向了人类世界。

那时的人们并不知咖啡因，他们以为得到神灵恩赐的天药，给咖啡取名邦恩，用咖啡树叶和咖啡果煮水当饮品，用咖啡果肉来酿酒。曾有一个时期的人们，只取咖啡树叶和果肉来食用，制作成的饮品叫咖许，咖啡豆被丢弃。

梳妆

咖啡豆在那个古老的时代缺席于我们生活的万物之中，有那么多奥秘的幽径，通向一扇扇神秘的门，让我们返回去。

从万物起源，古今新旧一直彼此互应和照亮着。

阿拉伯医生拉茨大约在 10 世纪之初把咖啡记入他的医疗笔记，成了今天的咖啡文献。

拉杰斯医生记下了咖啡的药理效用、食用方法以及咖啡的出生地埃塞俄比亚以及埃塞俄比亚之外的刚果、安哥拉、喀麦隆、利比亚、科特迪瓦。

从此，咖啡被人类记载。

在这之前，咖啡的人工种植已经有两百多年的历史，我们无从寻觅。

之后，人们已经用咖啡豆舂碎，涂上动物脂肪油，装入皮囊

备用，当作远行、征战和抢劫时的壮胆魔药。

11 世纪，阿拉伯医学家阿维森纳也记载了咖啡强身健体、利尿祛湿、清洁肌肤和让人身体泛香的功效。

一个德国医生对咖啡做了详细的记述。

人们在无数次的尝试中，已经掌握了咖啡的制作和饮用方法，从种植、采摘、晾晒、烘焙、研磨、熬煮制作成神奇的阿拉伯饮料。

到 17 世纪，咖啡在欧洲盛行。当时的法国人认为咖啡是贵重的药材和奇异的饮品，仅供上层社会使用和饮用。

有医生专门著书介绍咖啡，他们发声说咖啡对人体有益，可替代酒精。还有医生将咖啡制成灌肠剂开给病人使用。

英国的咖啡宣传语很生动：饮用咖啡，能使全国人民头脑清醒。

德昂族包头饰

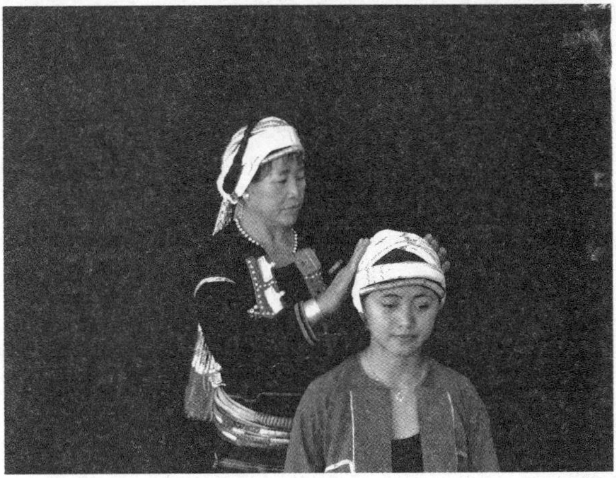

德国有个女儿用唱词来请求严厉的父亲不要阻止她喝咖啡，她说咖啡比一千个情人的吻还甜蜜。

19 世纪早期，欧洲工业兴起，贫穷的编织女工几乎全靠咖啡和面包生存。她们长时间坐在织布机旁织布，喝咖啡提神，因为咖啡能让她们身上暖和，能让她们感觉精力充沛。

咖啡使人上瘾，发出引力的是咖啡因，它是世界上最普遍被使用的精神药品，单纯的咖啡因也是毒物。

咖啡因来自植物，人类最常饮用的咖啡、茶和可可中都含有丰富的咖啡因。咖啡因能让人的中枢神经兴奋起来，赶走沉沉睡意，恢复精力。

咖啡成分有多糖类、蛋白质、脂肪、蔗糖、酸、氨基酸、咖啡因，这些成分会因产地、环境、海拔、气温、降水量不同而比例不同。这些差异就是咖啡的风味、口感和醇香度。

如果咖啡不含咖啡因，也就不会有今天的流行。

咖啡在尘世的经历，只有遥远的银河星辰专注地凝视着。

峡谷和雨林中的杂草、芭蕉丛、灌木林以及蚂蚁飞虫，它们曾日夜相依，杂草以匍匐的姿势成为咖啡的养料，芭蕉与灌木用适当的身姿，为咖啡遮蔽阳光，抵挡致命冷霜。

我不知道人类文明是否已足够探寻植物与植物之间的亲缘关系。

人类文化始初，是懂得了获取，从动物和植物那里获取生存和财富，然后去满足精神需要。

咖啡因医治肉身，咖啡医治灵魂。

肉身与灵魂就像两个相爱的人在深夜交换目光，在清晨恢复陌生。

咖啡的药用价值和神性魅力，是人类的财富。那些苦、酸和芬芳都是令我们陶醉的兴奋剂，刺激着我们的大脑、筋骨，强烈迷幻我们孤独的灵魂。

我一直思考，植物需要人类吗？需要我们去发现、去栽种、去传播、去利用吗？

是的，需要。一切需要都是有意义的。

咖啡需要人类精神世界，需要渗透宗教，需要有医治的能力，需要作为一杯饮品被放在桌面上。

我始终相信，咖啡能治疗我们的身痛和心痛，始终以神秘的姿态高高地傲立在人心之上，又低低地用一缕芳香、一丝苦涩，与我们日息相伴。

咖啡优雅地、不紧不慢地被众人需要和依赖。

咖啡与宗教

我一直把自己当作咖啡隐秘的知音，用谦卑的姿势仰慕他，用高处的情意爱慕他。

然后，用很软很软的模样去揣测他、亲近他、描画他的模样。

以前我用“它”说咖啡，今天之后，我用“他”和咖啡说。

咖啡与人类宗教有着千丝万缕的关系，宗教是我精神的原乡、灵魂的慰藉、心灵的妙药、行路的方向。

关于咖啡杯，除了土耳其风格的咖啡器皿，我唯一能想到就是从一只土碗到一只白瓷杯，用中国人喝茶用的瓷杯喝咖啡。这可能是中国与咖啡最早的关联。当然，这些都是传说，我根本找不到有理有据的记载，所以有点扯，我就是愿意信其有。

大抵是 16 世纪，咖啡传入欧洲时被定为药品，被称为异教徒的饮料，人们需要到药房购买咖啡。

基督教世界也认为咖啡是撒旦发明出来替代酒的魔药，教会明文禁止修士喝咖啡。

到 18 世纪，美味可口的魔鬼饮料常常让高墙内的修士们假装买药，偷偷溜到药房喝一杯，这杯药房咖啡治疗所有人的心慌病。

咖啡进入修道院，进入修士的生活，被接纳和被喜爱，这就注定了终会向整个世界传播。

1904 年，法国传教士田德能把一株咖啡树苗种在大理宾川朱苦拉村，中国的第一株咖啡就在朱苦拉村这个彝族村庄落地生根，开枝散叶。

一粒小小的咖啡种子，被一双宗教的手带到中国，途经万水

千山，在云南安家落户。

在我生活的瑞丽，早在许多年前咖啡就是寻常百姓家的饮品，冬天我会在弥漫着清晨雾露的路边摊喝煮咖啡，一喝就暖了一冬。

夏天，我坐在杧果树下喝冰咖啡，吱嘎吱嘎的竹椅子和知了一唱一和，把夏天掀到高温 35℃，大块大块的冰块堆满高高的玻璃杯，浓香的咖啡汁冲进杯中，坐在烈阳的树荫下，看着洁白的冰块慢慢变成咖啡色，就像等一个夏天慢慢退回去。

户育乡弄贤村附近有许多咖啡老树，东一撮、西一撮地长成了有历史的咖啡树，来历更是众说纷纭，有的说是景颇族人勒排当从缅甸带树苗来种的；有的说是一位缅甸姑娘嫁过来时，她父母用一小布袋咖啡生豆当了她的嫁妆；有的说是传教士欧文·汉森带着种子来种下的，年代都大致在 1893 年的样子，谁知道呢？

德昂族传统民居

那个时代，朱苦拉和弄贤村的咖啡树恐怕也只是作为少数饮用和观赏之用，并没有大面积种植。

咖啡在中国的有规模种植，应当是 1935 年，华侨陈显彰先生从印度尼西亚的苏门答腊岛引种到海南，并种植成功，这是中国最早的咖啡种植。现在海南岛的很多地区都有咖啡种植，也形成自己的品牌和市场。

改革开放后，咖啡才真正大步流星地走进中国市场。

云南小粒咖啡跃上史册，短短数年，朱苦拉、后谷、爱伲等咖啡品牌就名传万里，成为我这样偏爱咖啡、偏爱云南的人口齿中的最好喝的咖啡。

我不会数出 60 粒咖啡豆来做一杯咖啡，却会在喝一杯咖啡的缝隙间想起传教士。那么，自然界是不是一直可以超越政治、宗教、利益呢？

如果，人类只求衣蔽体、食果腹，也许就可以。

宗教信仰的力量，也不只是不怕远山远水，还有一些附在人身上行为习惯的传染，比如酿葡萄酒，比如煮咖啡，原始而本真。

咖啡与瑞丽

入冬后，楼下的桃树倏然就黄了叶子。

早晨还飘飘摇摇地挂在树枝上，黄昏只见又空了几个枝头。今年的冬寒来得有些慢，都十一月末了，还穿着单衣衫子，还可以在午夜的石阶上坐一小会儿。

这会儿，瑞丽的咖啡种植园里，正是盛果期，果实红红的，叶子绿绿的，人们哼着山歌在咖啡丛林里摘着丰收的喜悦，那场景多叫人想念。

昨晚故意不吃药，故意失眠，故意坐在冷冷的月亮下面想起瑞丽，想起那个叫二十亩地的小山头，二十亩地这名字真的取得太土了，土渣渣的，这名字是从德昂语里直接翻译过来的，意思是一座有二十来亩面积的山，来到汉语里就只剩“二十亩地”四个字了。

紧连着二十亩地的是连绵起伏的丛林，丛林向西二十公里的班岭村之外就是木瓜坝。木瓜坝深藏在热带雨林的崇山峻岭之中，三面环缅甸的原始森林，一面通往中国。

据说 1904 年之前，位于中缅边境线的木瓜坝上，就有许多英国商人和西方传教士在那里经商、传教。一座百年老教堂的记事本上，有这样一段记载：英国传教士景吉 1837 年 1 月 27 日到达木瓜坝，就在当天种下了一棵咖啡树。

景吉是木瓜坝首任大主教，也许在他种植下那棵咖啡的那一瞬，已觉天地间顿时有了英伦之风，如同故乡味道又挂上唇齿。英国商人和传教士把喝咖啡的嗜好，从他们的遥远的大英帝国带到木瓜坝，又传入瑞丽。

我想象不出当年传教士们是如何背着《圣经》和咖啡豆，一路向中国的户育和勐秀山一带走来。在我记忆里，瑞丽的景颇族和德昂族比较爱喝咖啡，一般喝的都是缅甸进来的磨好的咖啡粉，加一勺炼乳、一勺白糖，开水一冲，搅两下，一杯鲜美醇香的咖啡就成了。也不知当年传教士传教，为什么只选居住在山顶的景颇寨和半山半坝的德昂寨。

其实瑞丽人很早就有喝咖啡的习惯，早到具体什么时候，无据可查。就连我们以茶为命的德昂族家里也有喝咖啡的习惯。

《瑞丽市志》记载：“咖啡早在 1914 年，景颇族已从缅甸引入弄贤乡种植。”我知道 1914 年种下那棵咖啡树，不是弄贤寨户瓦山上最早的咖啡树，1908 年种下的才是第一棵咖啡树，才是瑞丽咖啡的前生，也是山官早山诺坎的爱情树，带着传奇色彩和迷人爱情，在山寨中长成了一个关于种子的故事。之后的岁月里，由这棵咖啡树分枝散叶，作为观赏树分布到许多村寨许多人家房前屋后零星种植。无论是以观赏的名义，还是满足传教士的需求，咖啡的种子就这样在瑞丽的土地上悄悄生长，悄悄地长大。

1908 年，早山诺坎正年轻，娶妻木瓜坝买贡寨山官排早堵的女儿盼玛。按照景颇族习俗，结婚时男方要送给女方家耕牛、马匹、毯子等物，女方家要准备作物籽种、刀、枪等礼物送给男方。何况是两家山官联姻嫁娶，诺坎送到盼玛家 99 头耕牛、88 匹骡马、66 块毯子，盼玛的嫁妆也丰盛，包括 1 条筒炮枪、33 把砍刀、777 粒种子。这 777 粒种子中有瓜有豆，有花有草，但我们只记住

快乐时光

了咖啡种。就这样，盼玛带了 11 粒咖啡生豆来到弄贤山，开创了云南咖啡种植的先河，书写下瑞丽咖啡的前世今生。

听说诺坎与盼玛非常相爱，盼玛种下的咖啡不断被移植，几年后许多景颇人家院子里都会种上咖啡树，红艳艳的咖啡果很喜气。只是盼玛一直没能为早山家生育一儿半女，慢慢地，两个相爱的人之间有了带痛的缝隙。1914 年，诺坎另娶，新娘也是木瓜坝的姑娘，也带了咖啡种子做嫁妆。自此，盼玛再无消息。人间只有诺坎与妻 1914 年在弄贤种下瑞丽第一棵咖啡的告示。

想起盼玛，心生幽怨，本故事纯属虚构，但愿可以对号入座。

我隐隐记得，咖啡成熟的季节，寨子里会有年轻人成群结

队地翻过山去木瓜坝摘咖啡鲜果，有的两毛钱摘一斤鲜果，也有的是换工，等采茶的时候，木瓜坝的年轻人也会到我们寨子来采茶。

摘咖啡和采茶这两个季节，也是年轻人恋爱的好时候，常常会听到哪家的姑娘跟木瓜坝的伙子偷婚了，哪家的小伙子又拐了木瓜坝姑娘回来。我总以为爱情和婚姻不应该是父母之命或媒妁之言，就应该是这样在劳动中相互间倾慕而来，山野中，咖啡果红了，爱情也熟了，多美！

今天的爱情来自短信和微信，虽然都有信，但再没了鸿雁传情与飞鸽传书的余味，来得快，去得也快，却从来不叫人怀念和遗憾。

1952 年春天，有研究所人员在做社会调查的时候发现弄贤咖啡树，他们采了 70 多公斤鲜果，带回到保山潞江坝试种。数年后，使潞江坝成为全国第一个小粒种咖啡生产基地和我国小粒种咖啡的科研中心与发祥地。

这一批种子种下后，在潞江坝适应性良好，结果多，品质优良，由此不断培育出良种苗。这一批咖啡迎来了一次大发展的机遇。正值中苏友好的年代，为专供苏联、东欧社会主义兄弟国家咖啡，从国家经济战略发展目标出发，保山、德宏大规模地普及咖啡种植。据说后谷咖啡创始人熊相人的父亲就是德宏最早种植咖啡的那一批农垦人。

20 世纪 60 年代后，中苏关系宣告破裂，云南四千亩咖啡园逐渐被人为搁荒或改种了其他农作物。

记不清具体是哪一年，瑞丽农场橡胶园里套种着的咖啡，好几年连续卖不出去，据说橡胶的销路也出了问题，工人的工资也许久没有发了。大家一商量就决定砍掉咖啡改种茶叶。

那是我见过的最大规模、最大面积的一次砍伐，一棵接一棵枝繁叶茂、果实累累的咖啡树被砍倒。一个50多岁的四川老农垦，抱着一棵咖啡树一边大哭，一边讲种这些咖啡时正遇干旱，他们是一担一担地挑水上山浇咖啡苗，才种植成功。现在想起来，当年的情景在脑海里也只有一些片段，拼接出来的尽是老人怀里抱着的那抱咖啡树上结满了的红色果子。

后来，咖啡一下子就火起来了。

瑞丽农场也已经改制成立了以一家一户为单位的家庭农场，

祭祀点灯

咖啡

人们又在高大挺拔的橡胶树荫下开始种植咖啡。再后来就有了宏天公司，有了名扬四海的后谷。

如今，在远离瑞丽的异乡，我心里时时想起的还是那片被砍倒的火红果子，还有那一勺炼乳、一勺白糖冲泡而成的咖啡，还有再无人间下落的盼玛。

后谷的诱惑

后谷咖啡馆大概是德宏第一个真正意义上的咖啡馆，馆内的咖啡每一粒都出自德宏这块土地，本土的豆，本土的烘焙师，本土的咖啡制作师，再由本土的姑娘送到桌子上，这一切都有着德宏人小小的骄傲和自豪。

对于德宏人来说，后谷咖啡是带着浓重的文化气息扑面而来的。

那时的后谷咖啡，宽大的前厅只放了很少的几张桌椅，其他的地方摆满后谷的产品，中间是一个宽大的操作台，还有一台烘焙机，客人可以带走现炒的咖啡豆。后厅是一个巨大的院子，建有露天的小亭子，拉着白色的纱帘，整条芒市大街溢满后谷的芬芳。

某年，一个非常敬仰的前辈从远方来到芒市，前辈就在坐落在芒市大街的后谷咖啡等我。落座后，我对那位走过世界许多地方的前辈说，这里有世界上最好喝的咖啡，话一出口，便觉出自己的张狂，赶紧补充上一句，我说的是我的世界。

的确，世界上有 70 多个国家产咖啡，我最多喝过 10 个国家的咖啡，至少还有 60 个国家出产的咖啡我没有喝过，我又拿什么来确定它就是最好喝的呢，我只好老老实实地补上一句：我的世界。

对于咖啡，只能说钟情那天的豆、那天的水、那天的萃取、那天的杯子、那天的景致和那天的心情，有了这些，哪一天的咖啡自然都是最好喝的，特别是我这样大妈级别，幻想材质构造而成的咖啡发烧友，邂逅一杯钟情的咖啡，和邂逅一个钟爱的人一

德昂族篾弹弓

样重要。

对后谷的偏爱，是我的一种情怀，和它是中国第一个本土咖啡品牌无关，和它出口英国、美国、韩国、新加坡及全球 50 多个国家也无关。有关的是我有许多亲戚朋友都在德宏种咖啡，都在后谷这条产业链上讨生活。更有关的是我曾经妄想在二十亩地那片山中种下十五万株咖啡树，像只等天鹅的癞蛤蟆，等着丰收时卖给宏天公司来发财，发了财来成立一个艾傈木诺诗歌奖，用这个奖救助那些妄想在诗歌上生生死死的流浪诗人。大抵，这算得

上是我一生最有情怀的理想吧！

我常常思念那个失败的梦想和那段种咖啡的日子，那思念，如一壶刚煮沸的咖啡，弥撒在我周围，不撕心裂肺，不患得患失，又温宛若春天包裹着我，久久不散。

后谷的美誉，不仅仅是它优质的咖啡豆，还有它背后支撑着的中国文化气息和民间文化气息。有最纯朴的咖农，他们是景颇族小伙、德昂族大妈、傣族小卜哨、农场的胶工、种植园主。当然，还有后谷的当家人、后谷的技术团队、后谷的力量和德宏这

片丰饶的土地。

对咖啡，我不敢说懂，我是喜爱。

记得有次和后谷的胡总聊天，胡总说："咖啡很神奇，当你刚开始了解它一周的时候，你觉得自己懂得很多；了解一年之后，发现自己的了解似乎深了一点；了解三年后，你就发现自己对咖啡很无知；了解五年以后，你就会很谨慎；当了解到十年的时候，你就不敢轻易谈咖啡，你会发现自己对咖啡的认知实在是太浅太浅了。"胡总可以说是一个资深的咖啡人，他的这番话让我很惭愧，也让我深信不疑。

所以，我一直觉得自己对咖啡只是偏爱到固执，就像在这世间，爱了一个人，那人的好和不好，全都会让我挂怀，念好时的欢喜，也念不好时的小愁绪。

有时，端起一杯咖啡，我关心这一杯咖啡的心路历程，我会打开大脑的闸阀，挥动无限的想象。

想象一：按植物属性，从被子植物门，双子叶植物纲，茜草目，茜草科，咖啡属，阿拉比卡种，铁皮卡和波旁种，云南小粒，后谷咖啡这样衍生而来。

想象二：按路线图，从埃塞俄比亚、也门、印度、印度尼西亚以及越南和缅甸，一路迁徙而来。

想象三：按工序，从撒种、育苗、栽种、采摘、生豆、烘焙、萃取、成杯，一道道过关斩将，才以温润的姿势来到我手中。

想象四：按情怀，从莫山、勐秀山、户育山，从手工磨豆机

吱嘎吱嘎声中，从虹吸器沸腾到白瓷杯，不锈钢小勺搅乱洁白方糖溶进深褐色咖啡的速度而来。

十年了吧，在芒市大街的这个咖啡馆里，有过欢聚与分离，有时它像一个岁月的锦囊，装着我许多蓦然回首；有时它像一个驿站，收留着我废墟一样的另一类幻想。

与芒市的文友约会，我们常常会不约而同地选后谷，一伙人溜进后院，占个亭子，一聊就是一天。兴致来了，也会抽本诗书来，南腔北调地齐声念读，邻座已经走了几拨人，我们还在。有时也会跑到炒豆的地方，看着笑眯眯的师傅炒豆，看着清浅的豆

验收

粒慢慢变成深褐，如同这瞬息万变的人间。

我们离开的时候，多数已经夜深人静，我们会沿着宽敞的大道继续因散场而落下的话题，嘴唇里还含着咖啡的香味，精神上全是咖啡馈赠的兴奋。

曾有过很长一段时间沉溺于对咖啡的依赖，哪怕失眠和胃疼很严重。迫于失眠，也下决心戒过咖啡。但不喝咖啡的日子心更慌，胃更疼。一次次戒，又一次次回到咖啡，足以证明我有多爱它。

在这座春之城的某处，也有着后谷咖啡馆，后谷如今已实现它的誓言：让父老乡亲小康，让世界溢满香。在种咖啡这件事上，我已败走麦城，但家乡的亲朋好友们，都还在种咖啡，用后谷的咖啡苗，后谷的咖啡肥，后谷的技术支持，最后又把采摘好的咖啡送回后谷。亲人们的每一次收获，我都算得上参与者和分享者，所以当一杯后谷咖啡来到我手上，我闻到的都是令人心安的气味，那些曾经寂静和喧闹的声音都热腾腾地印贴在心上。

我是个恋旧又贪新的人，有新豆就决不磨旧豆，幸好隔三岔五就会有亲朋给我捎来新炒的后谷豆，每一次煮上咖啡，整个屋子都会弥散出一种爱人的香气。特别是夏天，自己动手萃上一杯冰咖啡，深深地汲一口，那冰凉的后谷香，像一个吐气如兰的冷美人。

无论走了多远，无论手中捧着多名贵的饮料，都不如唇齿之间依恋的那抹淡淡的香、淡淡的酸、淡淡的涩，也只有自己忠实的胃最能感受这未知的、未解的，一直居住在未来的余味。

后来，那位前辈对我说：“你的世界，果然留有香。”

咖啡与德昂族

岁末某天的午后，突然大雨倾盆而至，冷意向四周扩散，春

参加浇花节活动

城的冬终于来了。我站在办公室的窗前，听着雨点打在玻璃窗上的滴答声，手上端着一杯友人寄来的白寨咖啡，浓香的气息和着冷空气在屋子里穿行。

白寨咖啡，是最纯粹的德昂族种植的咖啡。我手上这杯咖啡的咖啡豆是用柴火和铁锅炒出来的，色泽偏深褐，不及烘焙机烤的鲜亮，但这是一杯真正意义上的德昂咖啡。

咖啡不是德昂族传统种植的物种，但现在在白寨德昂族人已经是咖啡种植能手。许多年前，我随着春风南归的时候，跨过潞江大桥沿江而上。那时候，虽是春初，空气中已经弥漫了夏季的热燥。保山德昂族最初居住在高黎贡山海拔 2000 多米的高处，解放后，陆续搬迁到高黎贡山下，怒江畔的潞江坝。迁移下来的德昂族在户南河南北两岸居住，南岸的称沟边寨，北岸的称白寨。

白寨与中国咖啡第一村新寨村遥遥相对，自然是沾上咖啡的光。潞江坝的德昂族家家户户都在坚果林里套种咖啡，算得上是最接近咖啡的德昂族人。白寨有 89 户德昂族人家，种植了四百五十亩咖啡。白寨就是建在一个大咖啡园里的村庄，走在山坡上，到处都是一丛丛的咖啡花，咖啡花细碎，洁白，有香气。世上的万种植物都是以缄默的方式生长，但报以人类的从来不是沉默。

现在的白寨就在高黎贡山东麓的怒江沿岸，海拔在 640 米至 1400 米之间。从前，德昂族人居住在海拔 2000 多米的大寨山上，那是一个四周种满茶树、核桃、棕、竹子等果木的村寨，20 世纪 50 年代土地改革时期，德昂族人陆续下山定居。1950 年、1952 年、1958 年分三次从高黎贡山迁徙到潞江坝。大寨山上还有德昂族人种下的茶树，那时他们还是滇西这一带著名的老茶农。搬迁后的白寨地处干热河谷，热量充足，终年无霜，物产丰富，适合咖啡生长。潞江坝万亩咖啡中，白寨只有少许的几百亩，但这是德昂族人从古老茶农到咖农的身份转变的见证。所以，在白寨我们喝咖啡。

昔日，破旧的农村变了模样。家家小院建起沼气池、新厨房、

新厕所、新畜厩，门口停着摩托车、小汽车，家里有粮，卡里有钱，杯中有茶、有咖啡，人们的精神面貌焕然一新。有了通向村庄的路、电、水和网络，有了这些就有了德昂族小山村通向世界的通道。白寨打开了一个村庄的小小胸怀，有的人走出去看世界了，有的人走进来喝山地小粒咖啡，看德昂族风情，吃德昂族美食。

我喜爱沟边寨、那线寨、白寨，无论是在山上还是山下，庄稼的枯荣，人们的悲喜，还是广袤的宁静，我抽象的命运都与它们紧紧连在一起。我愿意被送回很久很久以前的时光，也愿意就立在当下，做一个在城市讨生活的曾经的山地民族，享用白昼喧闹的繁华，承担夜晚漫长的孤独。

原产埃塞俄比亚高原的咖啡，渡过最初的红海，越过印度洋，来到中国，来到云南，来到潞江坝，来到白寨，来到我一个德昂族人的心上，我想用我的一生来上瘾咖啡和茶。人世间，某个时光的缓缓角落，放下痛苦、失败、傲慢，煮一壶老茶或者新炒的咖啡，闻着魔力无边的香味，天地自宽，善恶分明，一粒种子从萌芽、长叶、开花到结果的慈悲足以感动我们。

明媚来自阳光，每当踏上有德昂族人居住的地方，我心满怀希望。阳光是明天的希望，阳光是描绘春天的彩笔。

往后岁月，一杯温热的白寨咖啡握在手，恪守初心。

山川草木深

我最遗憾我的童年没有参与过母亲这方族源生活，无论后来怎么努力融入，总是缺少着一些刻骨铭心的记忆。这样的记忆如同思维的大本营、中转站，或者灵祇，能在我打包离开，或者突然归来时给我最从容的能量。

我用不断出行来弥补这些缺憾，在行走的路上，天地万物给予我丰厚的馈赠，这些财富也足够我再建一座心灵神祇。

2019 年 3 月，我来到怒江兰坪官坪村驻村扶贫。这一方的山川草木用他们特有的灵性，慰藉我独处异乡的孤寂。这一方的风土人情，滋养了我久居城市焦灼的灵魂。核桃村下古老的木楞房，独木梯上摇动的裙摆，坐屋前抽长烟锅的老人，还有长满山坡的青稞、燕麦、苦荞和蔓菁，都锁着一个我童年的故里。

我在这里过了两个端午节。端午那天一个叫铜牛甸的草甸子上，人们会在那里唱歌跳舞。而我，就去那里嗅闻花草的芳香，寻觅植物神秘地生长，那是别样的一种端午。

如果时空交错，千年前屈夫子奔向铜牛甸，而不是汨罗江，那么今天的《九歌》和粽子可能是另一种传唱。可惜时光从来都不会走错路，汨罗江与铜牛甸都各自在时间的棱角里独自吟唱。

岁月长河中的点点波澜一滴推着一滴，滴成为历史的浪花，而在铜牛甸除了低头嚼草的马和牛，没有谁会认为自己就是流淌在这条河中的一朵浪花。

铜牛甸是滇西万山丛中的一个小草甸，不大，被连绵的群山围在心尖，一眼能望到尽头，每一眼能望见的尽头那边有瓦屋、炊烟、木栅栏和晃动的人影儿。大多数时间里，牛羊以及低低垂下来伸手可摘的云朵，都很小，小得用煮一杯咖啡的时间就可以沿山脚绕一圈，可以叩响每一家的柴门。

生活在这里的彝族人家，不煮咖啡，他们打酥油茶，烙苦荞粑粑。他们放牧，耕种，养蜂割蜜。他们也打柴，虽然密密麻麻的电线杆穿过美丽的草场，通向各家各户，在森林覆盖率达 99% 的铜牛甸，人们还是习惯用枯枝和落松针来取暖炊煮。

兰坪的夏天来得迟，谷雨之后，蛰伏了一个冬的云南高原鸢尾才破土而出，细芽尖尖地以群体的方式冒出地面，一丛连着一丛。任牛蹄、马蹄践踏而过，隔天又尖尖地伫立起生长的姿势，完全是一副生生不灭的样子。

惊讶于兰坪境内山山水水间这繁茂的鸢尾，无论走进哪座山箐，在林缘的草甸上，涧水边的沼泽里，遍野都是蓝白相间的鸢尾。对鸢尾的认知，大多来自小说，不是长在德国就是长在日本。

鸢尾科，是个家族庞大、颜质超高的植物，有 80 多个属，1800 种，在我国有 9 属，50 多种。多年生草本，就连特别钟爱的番红花、射干和唐菖蒲（剑兰）都是鸢尾科里的番红花属、射干属和唐菖蒲属。生长在铜牛甸的应当是鸢尾属西南鸢尾里的一种，也叫高原鸢尾，生长在海拔 1650 米至 3500 米的林边、山坡、沼泽之地。

铜牛甸的鸢尾，冬伏春出，丛根，丛生，叶剑形细长。一枝一花，花朵盛开时外倾，淡蓝色，有白色斑点或白色条纹。在云南除了高原鸢尾外，还有尼泊尔鸢尾、大理鸢尾和在迪庆境内新发现的哈巴鸢尾。在期井村的西山，拍到一棵矮株、单花、无分枝的鸢尾，很像哈巴鸢尾，于是就拥有了一整天陷入遇见哈巴鸢尾的美妙心情。

不知不觉，时间到了端午。铜牛甸的林坡、草甸、沼泽布满鸢尾蓝白相间的身姿，萎缩着身子蛰伏在泥土里整整一个冬天，仿佛就只是为了这一刻的摇曳。

和鸢尾一道悄悄来到铜牛甸的还有毛茛，也是多年生草本，叶片有圆心形和五角形，在铜牛甸两种叶形的毛茛都有，间杂着生长成片，花黄色，开五瓣，花间托盘细蕊，片生，与鸢尾一样

榕树下对歌的德昂族青年

属群居物种。

正午时，阳光透过松针细碎地洒下来，杂乱的野草就成了草甸上的基色，鸢尾毫不掩饰雍容艳丽的姿色，用绽放占据这片山谷，这个属于它的时段。

毛莨自始至终都知道，它的存在就是为了陪伴鸢尾，所以它矮下身子，沿着鸢尾的弃地，用根须与花期向鸢尾践诺了它的忠贞。

毛莨拥抱着鸢尾，纠纠绕绕，把铜牛甸的整个夏天撩拨得如同一个惊涛骇浪，又静止到永恒不变的情场。无论是慕名而来，

陇川清平乡明朝时德昂族
老广母佛塔遗址

还是不小心路过，都将随着一颗荡漾迷离的心沉醉、沉醉，不愿醒转。

而水菖蒲，算得上是鸢尾和毛莨的近邻。它们生活在同一区域，同喜好才有了同一样的故乡，又近又亲。菖蒲属天南星科，同是多年生草本，春生青叶如剑形。菖蒲家族不大，只有石菖蒲和水菖蒲两个支系。菖蒲是一位端午专属的君子，在民间它从来都是辟恶邪之物。至端午，人们悬菖蒲和艾草于门，以祛邪疫。暮晚，又燃菖蒲和艾草，以驱蚊灭虫。

传说遥远的古代，读书人点灯夜读，都要放一盆石菖蒲在几

前，用来挡灯烟熏眼和空气中肆意的微尘。在那楚国，在那千万个读书人中，我感知到屈原就是在青灯照菖蒲的火光下写出《离骚》《天问》和《九歌》，以此完成了诗歌从大雅歌唱到浪漫独创的时代。

而他，一个诗人，浪漫完美主义破灭者，抱石投江。

而人们以及我，在时间的任何一个符段，沿水招魂，悬蒲问路。

鸢尾、毛茛和菖蒲都是毒携带者，在宽绰的草坡、草场、草甸上，牛儿马儿从来不会被他们妩媚的容颜迷惑，青草被拦腰折断，鸢尾、毛茛和菖蒲得以代代承袭着绽放。

接骨草肯定不认识屈原，因为从它冥顽不知事的表情里，可以看出来它不读《楚辞》，它生长在与鸢尾、毛茛和菖蒲遥遥相望的旱坡上。当人们把爱慕全部投给夏天的三个佼佼者时，接骨草就孤独地爬进了满山遍野。

接骨草独自长在鸢尾、毛茛和菖蒲的岸上。它的学名叫血满草，忍冬科，多年生大草本，算是半灌木吧，根与茎流血色的液体，互生羽状条形叶，叶缘有锯齿状，顶生圆锥花序，花小，且细碎，初蕾血红，怒放时花白。无毒，是一味跌打损伤的良药，可接折断的骨头。

接骨草与鸢尾、毛茛和菖蒲，在铜牛甸年年的端午上碰面，鸢尾执着薄扇，毛茛提着裙裾，菖蒲双手捧着本线装书，本来应是本竹简，但算了，线装书我可能还识得一两个字，接骨草却提

着个药匣子，匣子里装着它的叶、它的根、它的茎、它的皮，它放干了它的血，才得以全身入药。

在时间里，我只能选择正午和黄昏探访铜牛甸。

阳光下的铜牛甸有着世间最珍稀的安静，花朵压低绽放的声音，青草藏起拔节的声音，树叶收起掉落的声音，松鼠放慢跳动的声音，牛群咽下咀嚼的声音，就连因暖而来的蜉蝣也关掉了声音。坐在接骨草丛边，万物都因静而静止，铜牛甸是这个世界赠予心灵的恩物。

当夜色垂下来，躺在牛蹄踏过的泥土上，嗅闻马粪的清香。这时节，青草香、菖蒲香、艾叶香、粽子香、雄黄酒香，万香沁入心肺来，突然就觉出人间如此值得，仅仅这些无所求，又顽强生长的植物，也值得我来看一场，遇一次，见一面，爱一回。

打开车灯，照一照这夜幕里的寂寞，鸢尾和毛茛依旧缠缠绵绵相爱到天涯，菖蒲点着灯等隔世的诗人，接骨草开始治疗端午的骨折，我掩泪站在一棵雪松下，铜牛甸一把把我们揽入夏天的怀中。

山神伸手穿过秋冬春夏，抚摸端午的面颊，在我耳边低声说：“来看明早的朝霞吧！”

他乡：小镇之金

小镇自带着富贵的气息，山里有矿，家里就有金。

小镇的日常笼罩在灰蒙蒙的天穹之下，砖混结构的房屋，凌乱地、高高矮矮地排列在街道两旁，一层叠着一层的灰尘厚实地覆盖在曾经洁白过的外墙上，墙被灰尘的轻薄压得有些虚弱，就好像只喘着一口气，来一阵风就会吹断。

真的刮起风来，那些与墙还没有建立稳固关系的浮尘，洋洋洒洒地飘忽在空气中，被风暂时空出来的那一道道墙面上裸露出更虚弱的不灰不黄不白的颜色，破败的样子很旧很旧，旧得像做了一个梦。

又一阵风吹过来，新的尘埃如同新的尘缘，纷纷飞起，扬扬落来。

小镇就这样被乔装着，她闪闪的有金之光，被隐蔽在尘世凡俗之中。

我刚到小镇时，正是3月末，四处开满了亮晃晃的野李花，田垄上，村庄里，小路旁，远山间，阳光晃一下，就白亮亮地闪过一道野白花的光，实沉沉地甩进人们的眼睛，那光芒就像一道灼痕，花的灼痕，安安静静地待在灰茫茫的人世间，不肯走远了。

小镇也许一直这么美，一直有无法抵挡的花事，野李花之后有杜鹃，杜鹃之后有牡丹，牡丹之后该是向日葵、油菜花、蔓菁花、苏麻花、玉米花、洋芋花、荞麦花、芸豆花、扁豆花。无尽的花朵，一直这样盛放着。

如果矿不在深山，金子不蒙着尘该多好，小镇花朵的笑脸该有多干净，多纯粹。

1

我住在小镇深处的廉租房小区里，窗下是一条坑坑洼洼的路，通向镇政府和县城。路边有一个篮球场，再边上是小学校、超市、药店、理发店、小吃店、小宾馆和名目繁多的快递公司。密密麻麻的输电线如同挂在崖壁的藤萝，慢悠悠地伸延在街巷两旁。

从早至晚，这里都很热闹，清早孩子们朝气蓬勃的读书声，午时街巷上人来人往的脚步声。暮晚是人气最旺的时候，这里的

灯光最亮，人们就把这里叫灯光球场，一边是男孩子们在球场上奔跑欢呼，一边是大妈们震耳的最炫民族风，两种风格的声音毫不违和地被混卷在小镇的暮色之中，让人不由心生热闹的喜欢。

有时，我会推开阳台的门，放这些欢乐的声音进来陪我，早出晚归，这屋子其实很寂寞，很需要这些带着烟火香味的声音，来我房间里做那绕梁余音。

更多的时候，我归家来，他们已散去。

小镇人起得早，也睡得早，10 点之后，只有远远近近的灯盏还在使劲亮着。在灯下，夜夜都有一个拾荒的老人。窗下的路边放着一排垃圾桶，他在那里翻找着，很细心，很专注，我看见他把纸片一片一片堆叠起来，就像在叠一件件刚从晾衣架上取下来的衣物。饮料瓶是刚清理好的皮鞋，塑料袋子是刚熨平的衬衫，硬纸板则是刚刚去了尘的呢大衣，他一件一件整整齐齐归放在一个手推车上。

我看见他捡起一个苹果，在衣襟上擦了两下，大口大口地咬着，像是在吃一顿久违了的美味，那一个苹果应该是天下最甜的苹果。

路灯特别亮，橘黄的光落在他脸上，也全是甜甜的味道。

他让我想起，妈妈也曾背着我偷偷去捡过垃圾。在我买房时突然拿出一大兜钱，有整的，有零的，倒在我面前，让我数数。我永远忘不了，那一天妈妈脸上微微的笑貌。后来我才知道那是她卖纸板、饮料瓶所得，为了不让我们发现她捡这些东西，她也

屋宇

是晚上才出门去。

如今，窗外的这个老人，他每天都来得很晚，都是在 11 点之后才到，或许他和许多老人一样，昼伏夜出只是为了照顾孩子的脸容，只是为了打发长长的寂寞，只是为了贴补家用，又或者只是单纯地不愿意可用之物被浪费了。

我隔着玻璃窗，看着他推着装满收获的小推车，在夜色中慢慢走去。午夜的空气很干净，凉凉的，是一个新的，与白昼不同的天地。他就像一个走失了很久的亲人，我用一整夜，都想不起来叫什么名字的亲人。

而小镇，仿佛一直是我的驻地，安有家的地方。

2

说是小镇，其实就是弯弯曲曲的几条小巷，刚刚够一辆车单行而过，两旁尽是日用百货、五金电器和店名很时髦的服装店、美发店、糕饼店之类的小店铺。巷子每个角落都遍布着小吃店，店名也很朴素，云香、春红、阿四、平平、秋红……店名带着芳香的泥土味和明显女性的信息，一看就知道是邻家阿孃阿姐阿妹在经营，走进去果然看到的一个个干练精明的女子在灶前忙碌。店面很简陋，一个台面上放着几个小煤气灶，几口小砂锅，几把条凳，几张木桌，就支起一个店铺了。小吃店里大致就卖饵丝和米线，有煮的和炒的，煮的就用灶上的小砂锅，煮好用大号的洋瓷碗盛，十元钱，每碗都是满满的，尖出碗沿来，一个壮汉这样一碗也足够了。这些小吃店都是管饱的经营目标，吃饱就是她们打动食客的方式，吃饱了下次再来。毕竟，若有人问你人生中最美味的一顿饭，我们常常也只是记住了最饿时吃过的那一顿，没有什么山珍海味可以替代饿极了那一顿的幸福感和满足感。

有一天，在平平小吃店，遇上了一个彝族女子带着三个孩子，我一眼就认出了她，因为她长相娇美，颜值超高，微黑的脸庞上有着高贵的东方气质，浅浅的一笑，会悄悄给人一种安谧和舒适。2015 年入户调查的时候，在仁杏彝寨我就记住她了。

她要了一碗米线，付钱的时候还怯怯地说了一句：“好贵啊！”

老板娘回了一句："都这样卖呀！"

我坐在旁边，一直在思想中和自己纠结，要不要请老板娘给她多煮三碗？我这样做会不会伤害到她的自尊心？妥不妥？决定了，又自我否定，来来回回，当我下定决心要给她多煮三碗时，老板娘已经将两大碗米线和两个空碗端上桌了。

老板娘说："分着吃。"

女子说："我有钱的，我不吃，只给娃娃们吃，一碗够了。"

老板娘也不回话，把摆到她面前的碗拉回来，拆开一双卫生筷，把两碗扒成四碗推到孩子和女子面前，一句话也没有说，转身就收拾其他桌子去了。

女子一愣，眼睛跟着老板娘手起手落地转了一圈，然后低下头，轻声用彝话和三个孩子说："吃吧。"

我一愣，这一切都发生得太快了，快得我脑子根本转不过弯来，我一会儿看看老板娘若无其事地继续手上的工作，一会儿看看低着头吃米线的孩子们。良久，我也低下头，羞愧得悄不出声。

我宛自在心里解读着那个矮小、稍胖、微黑的老板娘。一个经营小吃店的农村女子，也许初中没有毕业，就出来讨生活了，她有自己的孩子，丈夫在外打工，父母守着故土，过着平常人家的平常生活。一碗米线，十元钱，也许她得卖十碗才有这一碗的利润。

我猜测着，她善良的来路。

她能用最朴素的方式保护另一个女子的自尊，又把善良简单美好地留给了孩子们，这种能耐，我却是永远也赶不及的。她也许仅

仅是想让孩子今天有个晌午饭吃，不用饿着肚子走回家的那些山路，那些她或许曾经饿着走过的山路。

许多年后，她也许会忘了今天来吃米线的孩子，我却相信，在这三个孩子中总有一个会记得这两碗米线带给她们的温馨。

一想到彝族女子有吃米线的钱，她只是舍不得吃，我就特别难过。小时候，我家里很穷，妈妈就是这样，买一碗米线她只倒一点汤汁拌冷饭，其他的都给我。

彝族女子是个母亲，老板娘是一个母亲，我也是一个母亲。

可我在孩子面前，犹豫、迟疑、纠葛、不决，然后自责，然后为自己开脱，怪时代，怪环境，怪人心不可测，常常忘了怪自己不够勇敢。

在慈悲面前，我唯有在心底，深深地向老板娘敬礼。

有些爱微小低矮，浮在尘土之中，却永远都在。在那些偏僻不起眼的角落，等着提醒我们被陶醉的、被麻木的、被污垢沾染的心灵。这些爱，有时在万物间窸窣作响，有时在沉默中弯着腰，有时是漫长的晨昏与四季，有时仅仅是一只山羊走过草坡。

3

我每天从村里回到小镇时，也正是小菜市准备收摊回家的时辰，街上无人，家家的摊位前都是空无一人。晒了一天的菜无精

打采地排列在黄昏中，卖菜的人倒是相互拉着家常。我站在他们的摊子前面，听着他们玩笑，挑拣着蔬菜。这一刻，每过的一天都是圆满和愉快的。

哪怕因为小镇的习惯，我已经很久没有吃到青青绿绿的菜色了。

我想买青菜，青菜被捆成三四斤的一大捆。

我说：“可不可以拆开，我一个人只想买一半。”

卖菜的大妈：“不可以，我们就是一捆一捆卖。”

我又说：“那我买一捆，留一半给你，我吃不完浪费了。”

大妈：“不行，你付钱了就是你的，你拿走，我不要。”

好吧，为了不浪费，我不买了。事实上，绿叶子的菜都被捆成了捆，以捆为单位出售，许多菜我都只能问问价，没有买过。米线、饵块、肉都是少了一斤两斤，大家都不想卖给你，称着麻烦呗！

付一斤的钱，只拿半斤也不可以，他们认为亏了你。

每个摊位前，我都试过了，只拿一半，没有一家同意过。虽然吃不上想吃的菜，我心里却有一种从来没有过的舒适，在这里找到了一种规则的平衡，有规则的世界才是有情的世界。在这个的规则中，你的是你的，我的是我的，你给我真金白银，我给你的一定是足斤足两。

这其中，不只是交易规则，还有一个不亏心的传统道德观念，约束着人们墨守的买卖规则。我们一直说世态炎凉，我们又一直

破坏着这个世界原有的法则。占便宜是人类共有的同性，我想节约的心态也是看准了这一点，然而在这里不行。这里有一种久违的习惯，就在市井人家、贩夫走卒之间促立成一种无言的、可贵的乡规。

这种自发于心的规则意识与人性、良心、道德和信仰有关。

我并不是打算沿着原路折回旧时代，我只是更喜欢在新的道路上，延续那些在任何时代都需要的精神，哪怕有些精神之光在我们心里渐微、渐灭。

只要我们还呼喊，我们还追寻，我们还需要，我们还遵守，我们就能重新拥有。

4

小镇逢周六是街天。

清早 6 点不到，文兴路上就传出了车声、马声、人声，等到天亮，尖利的车鸣声，马匹呼噜呼噜的鼻息声，大声小声的白语、彝语、普米语、傈僳语和汉语混淆而成的一片声音，早已将这街市热闹成繁华景象。

平时开店做生意的，今天也会在自家店铺前加个摊位，把橱窗里的物品都摆出去，整条街被塞得鼓鼓的，逛街的人挤着人，看中了得找机会有了空隙才能蹲下去和摊主讲价。

窄窄的街道上，挤满了人流，两旁的地上摆满山货和日用品，随季的野菜，有椿头、野葱、竹叶菜、野芹、蒲公英，还有一些是我叫不出名来的。到了六月之后，各类野生菌也成了这条乡街的主角儿，香蕈、鸡枞、松茸、一窝菌等等，上等品级的松茸到了八月，小镇人也舍得称几斤回家煮火锅。

有带着蜂巢的蜂蜜，被装在塑料里，偶尔还可以看到一两只蜜蜂落在破碎的巢上，旁边放着一个手工木架子做成的滤网，现买现滤。人来人往的脚步，带起一层看得见的灰尘，落在桶上，

滤网上，也落在一个个等待被装满甜蜜的空瓶子上，这些尘灰很快就被金黄油亮的蜜淹没。

小镇上卖漆油饼和酥油饼的大多数是彝族人。漆油鸡是小镇名菜，漆油是由生长在高海拔山谷沟壑之中的漆树籽榨煮而成的纯植物油，冷却后凝固成浅黄色圆块。漆树会咬人，过敏体质的人碰到漆树就会被狠狠咬上一口，然后漆毒就像秘密一样逃走了，只留你独自在山谷中对付皮肤上的红斑卷起的钻心的痛痒。漆油鸡的美味也咬人，有些人无福品它的鲜美。

小镇上有两家酥油茶馆，一家是本地人开的，另一家的主人是四川阿坝来的，我喜欢去阿坝这家。老板娘人长得香甜，进门就会送给你一个蜜一样的笑容，吃过她家的酥油茶和酸奶渣，总会给人一种舒适饱足感。唯一遗憾的是这家店和这个小镇上都找不到核桃油煎麦面饼的那种味道了，煎饼机代替了所有手工煎饼的乐趣。

还有卖羊粪的，油亮油亮的羊粪被装在蛇皮袋子里，一袋20元，是从很远的彝山用马驮下来的，我很想买一袋运回昆明在阳台上种肥美的菜。

有一天，我发现现在的阳台也很宽大，完全可以种上鲜花和青菜白菜，顺便解决我买不上青菜的难题。动一念，百念起。我到处找泡沫箱，每天从村上拉一点土回去，托朋友到偏远的地方去找农家自己留的菜种。等到下一个街天，我还要买一袋羊粪拌在土里，开启我的种植时光了。我想种一株多瓣的白牡丹，种一

些青菜白菜、芫荽、小葱，把两年的驻村岁月种在这方阳台上。

5

而最让人惊奇的是这条街上的草药，从 3 月到 11 月，小街上就有上百种草药上市，真是一个植物世界、草药世界。虫草、重楼、野生铁皮石斛、野生天麻、野生三七、牛至、细辛、龙胆草，灯盏、续断、贝母、小柴胡、竹节草……各种各样、应有尽有的山间草药，都汇聚在这小街上。

每一味我都想买上一把，想把整条街上的草药都买回家，晒在阳台上。还心草是第一次见，像一首等了好久的诗，等得万物都荒芜了，它才来，只是为了不负我的痴心和癫心。我沉迷在其中，欢悦地在各个小摊前转来转去，往往返返，蹲在摊前跟卖药草的彝族女子套近乎，打听这些草药在深山的模样，蹲在摊前帮她们招呼买主，和她们一起抽兰花烟，我汉语一句，她们彝语一句猜谜语一样对话，一边猜对方的意思，一边哈哈大笑。

好想随着她们进山采药，做个岁月静美的采药人。

最后倒是真真做成了晒药人，忍不住买了许多草叶、根块、花枝回来晒了一阳台。傍晚，夕阳西去的余光洒落阳台，站在夕光下，深深觉得愧对百草的药之书，漏掉了那么多草药家族的重要成员。

织布

还有一个地摊最让人心醉，卖皮带的，一眼就能看出是人造革皮带，成本很低那种，但他的广告词写得很有惊喜，完全可以拿一个创意大奖。“比牛皮还牛的皮带”，用一个留声小喇叭从早到晚循环播放，就这么短短的一句，说的不累，听的也不累。

到下午 4 点左右，热闹了一天的文兴路上，人去街空，只留下一地狼藉。那些卖野菜的、卖草药的、卖蜂蜜的和卖羊粪的都踏上了回家的山路，下山时他们的背箩里是满满的山货，回家时背箩里装上了生活用品和给孩子们的小零食。

而小镇此时，家家传出锅碗瓢盆交响曲，浓浓的食物的香味荡漾在空中。如果你偶然走过小镇，你肚子里的馋虫就会被飘扬的香气熏得晕头转向，这些都是家的香味，令人不由自主地加快了回家的脚步。

暮色四起，白日退去，文兴社区的卫生小分队已经把繁闹一天留下的痕迹清扫干净，球场让给孩子，广场还给大妈，整洁干净的大街小巷交给路人。

6

小镇侧个身就撞到了县城。

县城接连起小镇，小镇的大名叫金顶，名里含金，命里有矿，运中还有佛光。

小镇伫立在滇西北横断山山脉区。沘江河与金坪河汇流处的凤凰山上有号称亚洲第一的铅锌矿。东临剑川，南接云龙，海拔2240米的雪邦山绵绵数百里，峰峦重重。雪邦山属丹霞地貌，峰顶终年积雪，有丰富的高山植被、珍稀动物和冰蚀湖。翻过雪邦山就到了剑川，一条古老的盐马道穿过小镇，南通剑川、羊岑、马登、盐路山，北向拉井、营盘、猴子岩、知子罗、上帕、利沙底、贡山、丙中洛、西藏察瓦弄、察隅。从上帕也就是今天的福贡再分路往鲁掌镇、片马出境缅甸。小镇自古身处四通八达的交通枢纽中心，很早就从盐马古道将凤凰山中的矿产输出，创造着源源不尽的财富。

从我的窗口望出去，就能见到凤凰山上光秃秃的藏着巨大财宝的山顶，晴朗的时候阳光照耀着，金灿灿一片，真的就是一个鎏金的盛顶，阴天只有一山金属色的冰冷和坚硬，远远地拒绝着所有的靠近。

有一天，我和老狼开车冲上山顶，只为了一睹这块荒凉宝藏的芳容。站在鎏金之顶，扑进鼻腔的是新土覆盖着陈土的浓烈气

息，传入耳膜的除了轰隆隆的渣土车和挖掘机的声响之外，还有气若游丝的山脉撕裂的呻吟。

只有心怀悲悯、眼含热泪才捕捉得到那地表深处的哭泣。

看着山下，万家灯火照亮夜空，若不是这大山敞开胸怀，把心脏让给我们去掏，山下会多了几家欢喜几家愁苦。如果山川也有一个大脑，也在思考，会不会正在心怀不安，想要逃出这悬于人世的存在。

7

我们村叫官坪，在小镇的 5 公里之外。

时至 9 月，下村的公路两边开完雪团一样白碎花的矮灌木丛，已经结出大串大串的火把果，白露之后橙色的小果子渐渐变上红，烈火一样雄雄浓浓的红特别吸引眼睛。稻田里，微黄的谷穗低着饱满的穗子，大片大片的玉米挂上了成熟的玉米棒，落花后的油牡丹被掩藏在金色的秋天的丰盈之中。

我们村主要居住着白族、彝族和傈僳族。彝族住在杏仁彝寨，傈僳族住在白草林，其他的小组就是白族居多。挂联官坪的是我们大朝山公司，2015 年第一次入户调查时，我参加了公司的扶贫工作队入户工作，那时就走了我们村的每个小组，今年春天我正式来驻村。

我喜欢白草林的杜鹃，满山遍野地乱开，也不和谁打个商量，想开到哪就开到哪。在村里走着走着，它突然就开上了门梁头，又或者篱墙上，大朵大朵的，放肆地红，随心地艳，不管不顾地绽露出岁月娇羞，仿佛要用它一辈子的好运，换一场与白草林永不分手的爱恋。

我喜欢六保的蔓菁地，个头小巧的蔓菁，像萝卜一样鲜脆圆润，很久以前还曾是家家饭桌上的主菜，人们在丰收蔓菁的时节，把它腌制成酸菜，晒成干板菜以备青黄不接之季。记得小时候家里缺粮，每年有一段时间饭桌上顿顿都只有清水煮干蔓菁。那时，连打个嗝都是干蔓菁的气味。

现在蔓菁已经很少在饭桌上出现，种植的人家也大多是把它当作喂猪的青饲料，有念旧的人家还会腌一两坛酸蔓菁。如今，我尝遍百味的味蕾遇上腌蔓菁，除了一腔止不住的口水之外，更多的记忆里是那些挥不去的饥饿感。每次看见蔓菁，我都会有要永远好好生活的态度。

我喜欢彝寨的火塘，在彝山的每一朵云都会下落不明，每一缕月光都问不出去向，唯有每一个火塘都有人守候。彝人把火塘视为家庭的象征，火塘里的火长年不熄。经过三年的扶贫攻坚，彝寨变了样，从前低矮的木楞房都已经变成了青瓦白墙的平房，只有火塘从旧屋移到新屋，红红旺旺的万年火点亮着彝寨家家户户的新生活。

我喜欢大坪、长吉、温庄、仁杏白族人家的小院子，每个小

院都种着瓜果和草木、花卉，一株挨着一株的大丽花，富贵艳丽的牡丹花，端庄优雅的绣球花，浓烈低调的太阳花，还有李子、梨子、酸木瓜、苹果、花红、核桃等等的水果树按着季节结着硕果，家家院里都有关不住的春色和秋景。走进白族人家的小院，我都会以为误入花仙界，而我只是一粒路过的尘埃，只要关不住的院门有风吹进来，我就会散成落花覆盖的泥块。

8

小镇的方言，透着一种莫名的亲和。

吃不起了，就比吃饱了生动，吃饱了就只是吃饱一个意思，吃不起了却包含更丰富的语意。这土里土气的语境，更有着生活的场景感。

除去“啊莫莫”“啊得得”“啊滴滴”这些常用语境之外，这里喜欢用我们两兄弟、我们两姐妹这样的代称来表示个体或者群体。这种代称让我有极深的融入感和亲切感。有次我去请人办事，由于时间正好到了饭点，我请帮忙的那位兄弟和我说：阿姐，先吃饭，吃了饭我们两姐弟又去也来得及。当时心急如焚的我被这句“我们两姐弟”安抚得瞬间静下来。

后来在小镇待久了才发现，整个兰坪都用这样亲慰的语言方式。

对女性常用的称呼是阿姐，无论走到哪里，只要年龄合适都会被称一声阿姐，叫这声阿姐用的是一种不重不轻的语调，让人听起来一点也没有被外道。对男性常会在阿哥后面加上名字，比如阿哥普红、阿哥四水，先定位尊称然后区分人，这种叫法我第一次听到是我们村的小村官叫村委会的张普红，她站在楼下用白族话向楼上叫“阿哥普红，阿哥普红”，阿哥是短音，普红用长音，拖了长长的一个尾声，像一个软软糯糯的饭团子掉在瓷器上，酥脆酥脆地灌进耳膜，一下子就叫人心生欢喜。如同小区保安大哥 8 岁的小孙女，遇见了我都会叫我阿奶奶，每一次她嫩声稚气地叫阿奶奶时，我都莫名生出许多亲近的欢喜来，这种重叠音让我阳光在心，每时每刻都是晴朗，就算在万水千山的人来人往之间，两心也可以伸手就相牵。

最有趣的是形容生气的“相恨”“相骂”这样的词，明明是因为不合心意而不满或者盛怒，却被“相恨”两个字减去了深重的戾气，甚至还隐隐生出了一丝雅韵。我百度了一下这两个字，竟没有搜到“相恨”的词条，估计只有方言才会产生这么有趣的词来形容一场暴怒引起的恨。如果用相恨来形容一对反目成仇的恋人，真的少了绝情和悲伤的味道。“他俩相恨了。”这样的句子是留有余地的，是悬崖边的转身，是孤立无援绝境后可以获得的重生，是寒噤前小炉里慢慢生起的微火，是两颗心重逢时繁花纷纷铺就的道路。

9

在我意识里，沘江河水很少有清澈见底的时候，大抵是因为浑浊时更有雄厚伟岸之美。沘江河由金顶流向云龙汇入澜沧江，在《丽江府志略》中的原名叫盐井河，河长160公里。流经的559平方公里河谷两岸山高林密之中，有炊烟与白云飘荡的山间有人家，有大大小小无数曾经丰产的盐井。

从前，两岸通往主要靠藤桥，两根钢索固定在两边的大树上或者岩石上，山中砍来的藤枝编成缠织状，一块木板垫在中间让人落脚，人走上桥去就会晃晃荡荡，仿佛风摆杨柳。

我每次走到藤桥中间都会被摇晃得害怕叫姐姐。

我姐姐在她还很小的时候，就从这样一座会摇摆的桥上被突来的狂风甩进澜沧江，尸骨全无。那座桥是我那以修桥为生的父亲亲手修建的一座木板便桥，姐姐的面容虽然不在我记忆里，父母亲用一生来隐藏这个地老天荒的秘密，但是记忆是有缝隙的，我无法帮着我把陌生的姐姐隐匿起来。

十多年前，我为了找一座桥只身来过小镇。

我从云龙穿过长新、白石、松水，经顺荡进入小镇。那时我就知道藤桥上的摇晃，就是姐姐站在便桥上那种摇晃，可是到现在才明白为什么我会没有理由地寻找一座完全不存在的桥。姐姐落水的那座桥就是我今生要过的桥，她离小镇不远，也不近，离我的心脏不远，也不近。

现在，沘江河两岸公路盘山，尽是高大坚固的石桥和水泥桥，可通往村村寨寨。山中，不止有鸟声、水声、风声和马蹄声，还有了车声、喇叭声、电视声、手机声和抖音惹来的笑声。放羊的小哥哥，一边赶羊子上山坡，一边录小视频发朋友圈。

我一直认为沘江河是寡言的，只有雨水顺着她内心温暖的涛声才能成为她的语句，其余的时候她都是缄默不语地浸透森林，让云南松、野百合、天女花及鱼群去打动两岸。

10

我曾花许多时间站在阳台上看这座小镇，清晨、午后、黄昏，有时越看越陌生，有时又越看越亲近。

有一天，我发现太阳上蒙了白白的一层灰，模糊得像上面住着一个幽灵，我无法形容那个太阳的颜色，有太多的灰暗，又有太厚的金亮，而且那天的太阳可以直视，并且一直都不肯落下去。

那天，我在不落日的阳光中睡着了，然后就梦见一群蚂蚱来梦里叫苦，它们说谷子都熟了，它们却没有起飞的翅膀。据说所有爬行虫和昆虫都是冷血的，我们不能在自己身体内部控制体温，所以只能借周围传导体的温度来提高自己的温度。如果只有温度能带来生命的气息，我不知道我的血差和太阳有着多么巨大的关系。

一个人和一个地方的来去，我始终相信有着神秘未知的关系。

有人在此地一无所知，有人在他方一生欠安。

小镇是友善的，她用花蕊退居骨朵般的轻柔遮挡日光和冰霜的伤害；小镇是朴素的，她把天空的蓝留给心空着的人，让白云居住在明天。我永远无法舍弃云朵与天空那种依偎，人与人的依偎。

很多时候，小镇是异乡，是异乡里的故乡。